僕たちの高校野球

現役プロ9人の青春ストーリー

ベースボール・マガジン社／編

INTRODUCTION

僕たちが高校球児だったころ

現在、プロ野球の世界でプレーしている日本人選手は800人あまりいるが、彼らの辿ってきた経歴は、実にさまざまだ。小、中学生の時から硬式球でプレーしていた者もいれば、高卒、大卒、社会人出身、はたまた独立リーグを経た者もいる。しかし、彼らに例外なくして共通している、たったひとつのことがある。それが「高校野球」だ。

高校時代の3年間、ずっと順風満帆だった選手は誰一人としていないだろう。「苦しいこと、辛いことの方が多かった」と答える選手ばかりだ。その一方でメディアを通して私たちが目にし、耳にしてきたのは、その一部に過ぎない。そして「プロ野球選手＝エリート」という見方が往々にしてある。しかし、そうした印象と実際とでは意外にも乖離がある。レギュラーになるまでに時間を要した者、最後まで背番号1を付けられなかった者、そして一度も甲子園に出場することができなかった者……。厳しい練習に耐えきれずに、途中で逃げ出しそうになった者もいる。

本書ではプロ野球界を代表する旬な9選手に過去を洗いざらいに語ってもらった。あの日、あの時、あの試合で、彼らはどんなことを思いながら、マウンドに上がり、バットを振っていたのだろうか。日々の過酷な練習を、なぜ耐え抜くことができたのだろうか。そして、プロとして活躍する今、高校時代は彼らにとって何を

意味するのだろうか。

さらに、彼らの高校時代を知る恩師9人にもインタビューを敢行。3年間、厳しくも温かく見守り続けた中、選手たちがどのようにして苦難を乗り越え、巣立っていったのかをつぶさにうかがった。選手、恩師合わせて全員の口から聞こえてきたのは、「人としての成長」だ。元都城高監督で山本由伸（オリックス）を2年秋まで指導した森松賢容氏が、こんな話をしてくれた。「ボールがゴールに入って得点するほかのスポーツと違って、野球は人自体がホームを踏んで得点しますよね。これって、おそらく野球だけだと思うんです。私もコーチの修業時代に教えていただいて〝なるほどな〟と思ったのですが、そういう意味でも野球って人間力を磨かなければ勝てないスポーツなのだと思います」。

大正、昭和、平成、そして令和と100年以上の歴史を紡いできた高校野球。社会環境が目まぐるしく変わる中、どの時代にも変わらず白球を追い続ける球児たちの姿があった。そして、そこには日本人の心をつかんで離さない何かがあった。決してあきらめることなく、仲間とともに厳しい局面を乗り越えた9人の熱球物語をまとめた本書が、さまざまな困難が降りかかる今を生きる人たちへのエールとなれば幸いである。

文＝斎藤寿子

CONTENTS

僕たちの高校野球
現役プロ9人の青春ストーリー

取材・文／斎藤寿子（スポーツライター）
写真／ベースボール・マガジン社
読売新聞／アフロ（柳田悠岐）
校閲／中野聖己
装丁・デザイン／イエロースパー

僕たちの
高校野球

青春ストーリー1

柳田悠岐

［広島商高―広島経済大―福岡ソフトバンクホークス］

知られざる
ギータ誕生前夜

ギータの愛称で呼ばれ、今や名実ともに日本球界きってのスラッガーとなった柳田悠岐。プロ5年目の2015年には打率・363、34本塁打、32盗塁を記録し、プロ野球史上10人目、球団では初のトリプルスリーを達成した。彼がいかに相手投手から怖れられる強打者であるかは、四球の多さでも一目瞭然だ。15年から17年まで3年連続で最多四球を記録し、特に16年には18試合連続四球を記録している。これは〝世界のホームラン王〟として名を馳せた王貞治に並ぶ偉業でもある。

100年以上の歴史と伝統を持つ名門・広島商高でもクリーンアップの一角を担い、打撃センスの高さは県内屈指だった。しかし、1年夏に応援に行った以外は一度も甲子園出場は叶わずに「柳田悠岐」の名は全国区にまでは至らなかった。そのため、黄金世代とも言われる田中将大、坂本勇人、前田健太らと同じ「1988年世代」の1人であることは、プロで活躍するまでは知られていなかったに違いない。甲子園で活躍し、高卒でプロ入りした彼らとはまったく違う道を歩んできたのだ。しかし、逆にそれが彼の野球熱に火を点けることとなった。もともとは「野球は高校まででいい」と考えていたという柳田。高校時代の悔しい経験がなければ、今のギータは誕生していなかった——。

河川敷での行進

広島県広島市出身の柳田にとって、高校野球といえば、幼少のころから絶対的な存在があった。春夏合わせて7度の全国制覇を誇る名門・広島商高だ。県内に数ある強豪校の中で、なぜ〝広商〟に魅かれたのか、その理由は本人にも分からないというが、とにかく彼にとって〝甲子園を目指す＝広商に進学〟は揺るぎないものだった。念願かなって広島商高に入学した柳田だったが、待ち受けていたのは想像を絶する過酷な練習だった。

「もちろん広商の練習は厳しいということは分かっていました。ある程度はイメージしていましたし、覚悟もしていたんです。でも実際は、そんなものでは足りなかった。本当にやばかったです」

特に柳田は入ってすぐにレギュラー入りするようなエリートではなく、あくまでも約60人いた新入部員の1人。学校のグラウンドでボールを使って練習する上級生とは別に、1年生の鍛錬の場は学校近くにある河川敷だった。そこでまず最初にさせられたのは、全員で手足をそろえての行進だった。

「1時間ずっとですよ。しかも、手と足をめちゃくちゃ高く上げないといけなくて、もう手も足もパンパンでした。60人もいるから全然足並みがそろわなくて、なかなか終わらない（笑）。やっと終わったと思ったら、今度は歩調を合わせてのジョグ。その次はダッシュ100本と続いて、全部が終わるころには、もうすっかり夜になっていましたね」

当時の練習について、迫田守昭監督（当時）はこう振り返る。

「毎年1年生だけでも50人以上いて、3学年合わせると130人～140人くらい。そうすると、グラウンドでみんなで練習することはまず不可能です。だから、1年生は河川敷で練習することになるわけですが、たとえば柳田の2年先輩である岩本貴裕（現広島スコアラー）は、入学当初から体も大きかったし、高校でも十分に通用するスイングをしていました。だから、すぐに上級生と同じグラウンドで練習させて試合にも出ていました。岩本のように1年生の中にもある程度体もできていて、力のある選手は上級生の練習に入れたりもするのですが、それ以外の1年生はまだ中学生の体ですから、高校野球をする体になっていないわけです。そのため、1年生にはまずは体の基礎体力を養うために走ることが中心。だから柳田も何度も辞めたいと思ったんじゃないかなと思いますよ」

1年生がボールを使って練習できたのは、上級生が自主練をする朝練の時間に限られていた。その朝練も7時に始まるため、6時20分にはグラウンドに集合しなければならない。毎日5時に起床することとなり、睡眠時間はほとんどなかった。

「休みは正月しかないので、その生活が1年中毎日続くんです。とにかくバリしんどかったですよ。正直、こんなん3年間も続けられないと思っていました。でも、それで辞めたらダサいじゃないですか。自分から広商を選んだのに。だからなんとか耐え忍んでいたって感じでしたね」。厳しい練習の毎日に耐え切れず、新入部員は1人、また1人と辞めていった。最終的には60人近くいた同級生は、3分の2ほどになったという。そんな中で柳田は歯を食いしばって続けていた。

現在は身長188センチ、体重87キロと、日本人離れした体格の〝ギータ〟だが、子どものころは同級生よりも体は小さい方だった。小学6年生の時には「西風五月が丘少年野球クラブ」の中心選手ではあったが、細みで4、5年生と同じくらいの身長しかなかった。高校入学時も、身長は170センチ、体重58キロと、今の柳田からはおよそ想像がつかないほど線の細い選手だった。そのため、迫田監督は入学当初の柳田について「ほとんど印象に残らないほど目立たない選手だった」と振り返る。

「卒業するころには180センチ以上になっていましたが、入学時は170センチあるかないかくらいだったと思いますよ。体重もおそらく50キロとか、あっても60キロくらいで、決して大きくはなかったんです。ただ足は長かったことは覚えていますね。ただ、その足がかえって守備に影響を及ぼしていたようで、苦労していました」

また、クラスでも特別に目立つ存在ではなかったという。野球だけをしていればいい、という考えには異を唱える迫田監督は「学校生活が中心」という思いを持つ。そのため時折、選手たちの授業の様子を担任の先生に聞き、テストの点数もチェックしていた。その点、柳田は「マジメな生徒」という印象があった。

「今の柳田からすると、やんちゃだったのではと想像する人も多いかもしれませんね。でも、高校時代の彼は学校の先生に聞いても、人付き合いの良さはありましたが、クラスでは決して目立つ方ではなく、どちらかというと大人しい生徒だったようです。私自身は教員ではありませんが、高校生の本分はやはり授業であり、中心は学校にあります。授業の態度が、そのままグラウンドにも表れますし、授業に集中できない選手は試合の本番でも力を発揮できません。ですから、それぞれの担任に授業の様子を聞くんです。何かおかしな行動があれば、必ず私の耳にも届くわけですが、中には授業中にタオルを引いて寝ている選手もいるらしいんですね。しかし柳田に関しては、先生方から特にそんな話を聞いたことは一度もありませんでしたから、きっと授業もちゃんと聞いていたんだと思います。成績でも心配したことはありませんでした。グラウンド外でも芯のある選手だったからこそ、野球も最後まで頑張れたのだと思います」

転機となったコンバート

柳田がようやくレギュラーの座を獲得したのは、2年秋のことだ。それは与えられたチャンスをモノにした結果だった。ある練習試合で代走に出された時のこと。ベンチから迫田監督が盗塁のサインを出すと、柳田は難なく二盗を決めてみせた。これに指揮官は自分がこれまで思っていた以上に高い能力があることを知った。

「高校では1年に何センチも身長が伸びるもんだから、そのころにはすっかり長身の選手になっていて、走らせると大股でゆったりとしたフォームで走るわけです。見た目には速く感じられませんでしたが、意外と速かったんです。じゃあ、実戦でどの程度のものなのかなと思って盗塁のサインを出したら、いとも簡単に一発で決めてしまいました。普通は何度も失敗しながら盗塁の技術を身に付けていくんだけど、柳田の場合はそれまでほとんど試合に出ていなかったにも関わらず、いきなり代走に出して、ぱっと成功させてしまった。やはりそれだけの高い能力があるんだなと。もちろん足が速いということもありますが、素早く反応できる瞬発力があるということと、合わせて勘がいいという証拠でもある。いくら足が速くても勘の良さがなければ、盗塁は成功させられませんからね。しかも、柳田は余裕でセーフでしたから。〝ああ、こんなに走れる選手なんだ〟と私にとっては衝撃的なシーンとして記憶に残っています。そして、これが彼をレギュラーにした決め手となりました。もともとバッティングも良かったですし、それでいてランナーとしてあれだけのスチールができるとなれば、これはもうメンバーに入れなければと思いました」

もう一つ転機となったのはポジションの変更だった。小学生の時から内野手だった柳田の当初の定位置はサードだった。しかし、自他ともに認めるほど守備を苦手としていた。「僕、バッティングはちょっと良かったんですけど、守備が下手くそだったんです。ただでさえうまくないのに、身長がめちゃくちゃ伸びてしまって余計に内野ができなくなってしまいました」。そこで迫田監督はいろいろなポジションをやらせてみたという。

「普通1年生の時には、ポジションを動かすなんてことは、あんまり私はしないんです。何十人もいますからね。それでも柳田には1年生のころからいろいろなポジションをやらせていました。やっぱりそれほど光るものがあったということなんでしょうね。まあ、打つ方にはそれなりの力や技がありましたので〝なんとか一人前にせにゃあかんな〟という気持ちがあったんです。ただ〝ちょっと内野では難しいだろうな〟というのがありましたので、それでキャッチャーをやらせたり、ファーストをやらせたり……。どんどんホームから遠くなっていって(笑)、最終的には外野におさまりました。足もありましたし、何より肩が強かったですから。結果として外野へのポジション変更は良かったと思います」。過去、5度のゴールデン・グラブ賞に輝いている〝外野手・柳田悠岐〟の原型は、この時につくられたものだった。

地道な努力を積み重ねながら才能を伸ばしていった高校時代の柳田（写真＝読売新聞／アフロ）

このままでは終われない

柳田が打者として頭角を現し始めたが、チームはなかなか勝てなかった。2年秋は中国大会に進出したものの初戦で敗退。翌春も県大会初戦で広島国際学院高に2対3で惜敗した。そうして迎えた夏、柳田にとって甲子園出場をかけた最後の戦いが幕を開けた。1年夏にチームは甲子園に出場はしたものの、まだ大勢の新入部員の1人に過ぎなかった柳田はアルプススタンドで応援することしかできなかった。だからこそ、最後の夏は必ず自分の足で甲子園の土を踏んでみせる——。そんな強い思いを胸に県大会に臨んだ。

不動の三番打者となった柳田擁する広島商高は投打がかみ合い、順当に勝ち進んでいった。1回戦は明王台高に11対4（7回コールド）、2回戦の高陽東高戦は終盤に反撃されるも、4対3と1点差を凌ぎ切った。柳田もその夏に第1号を放ち、勝利に貢献した。続く3回戦では西条農高を4対0、4回戦は総合技術高を9対0（7回コールド）、そして準々決勝では尾道高を6対3で破り、広島商高はベスト4に進出した。ここまで柳田は打率・500、4打点、ホームランも2本と好調だった。

準々決勝の相手は、迫田監督の兄・穆成氏（現竹原高監督）が率いる如水館高。いずれも何度も甲子園に導き、多くのプロ野球選手を輩出するなど、広島県の高校野球界をけん引してきた名将同士による〝兄弟対決〟となり、大きな注目を集めた。この日もクリーンアップの三番に入った柳田は2回表、2対2と同点の場面で迎えた二死二、三塁のチャンスに見送ればボールという高めのストレートを思い切り叩きつけ、二遊間を抜けるセンター前ヒット。これで2人のランナーがホームにかえり、広島商高が柳田のタイムリーで2点を勝ち越した。

しかしその裏、広島商高の投手陣が如水館高打線につかまり、一挙5点を失ってしまう。さらに攻撃の手を緩めない如水館高は4回裏にも3点を追加し、その差を6点に広げた。柳田も4回表はファーストゴロ、6回表はショートフライと凡打に倒れてしまう。そして、7対11と広島商高が4点ビハインドで迎えた9回表、先頭バッターだった柳田は外野奥深くまで打球を運ぶも、惜しくもライトフライに倒れた。結局、広島商高は反撃の狼煙を上げることはできず、これが柳田にとって高校最後の打席となった。試合終了の瞬間、自分でも予想していなかった今までにない、感情が湧いてきたという。

「とにかく悔しかった。それまでは高校で野球はもういいや、と思っていたんです。でも結局一度も甲子園に行くことができず、このまま全国の舞台を踏まずに野球人生を終えるのもなって思ったんです。それで大学で野球を続けることに決めました」

悔しさが自分を変えた

当時志望していた関東の大学には行くことはできなかったが、進学した地元の広島経済大では1年時からレギュラーをつかみ、大車輪の活躍を見せた。広島六大学リーグで4度の首位打者、6度のベストナインに輝き、そして2年時からは3年連続で大学選手権に出場し、念願だった全国の舞台で活躍してみせた。当然プロのスカウトからも注目された柳田は、2010年秋のドラフトで福岡ソフトバンクホークスから2巡目指名を受けてプロ入り。その後、日本球界を代表する打者へと躍進を遂げた。

あの最後の夏、湧き上がるほどの悔しい思いをしたからこそ柳田は〝ギータ〟に化けられたのかもしれない――。

6年間指揮を執った広島商高での最後の代の教え子となった柳田について、迫田監督はこう振り返る。

「今はプロ野球選手の中でも大柄な方ですが、入学した当初は体も小さくて本当に目立たない選手。ほかの1年生と同じように、まずは基礎体力をつけさせるために河川敷で走ってばかりの毎日を送っていたわけです。これはもうね、きつかったと思いますよ。精神的にも体力的にも。高校時代の写真を見ていただくと、それこそ柳のように線が細い体をしていますから驚く人も多いかもしれませんね。でも、それだけ走るメニューを一生懸命にやっていたという証。あのころの広島商高の練習は、気持ちに芯がないと3年間は続けられなかったと思います。だから実際に途中でギブアップして辞めていく選手も少なくありませんでした。そういう中で柳田は最後までよく頑張りましたよ。きついことを頑張り抜ける力があったからこそ、今こうして生き馬の目を抜くような厳しい世界でもやっていけているのだと思います」

そんな柳田には今も時折、思い出す大切な言葉がある。

「継続は力なり」

恩師の訓えを胸に、これからもフルスイングで野球人生を突き進む。

▶広島商高時代の主な戦績

2005年秋	広島大会	2回戦	三次	○	5-0
		3回戦	神辺旭	○	7-0
		準々決勝	高陽東	○	12-5
		準決勝	如水館	●	5-7
		3位決定戦	美鈴が丘	○	5-1
2006年春	広島大会	1回戦	広島国際学院	●	2-3
2006年夏	選手権広島大会	1回戦	明王台	○	11-4
		2回戦	高陽東	○	4-3
		3回戦	西条農	○	4-0
		4回戦	総合技術	○	9-0
		準々決勝	尾道	○	6-3
		準決勝	如水館	●	7-11

甲子園に出場した選手は学年に関係なく、地方大会の戦績から掲載。未出場の選手は最終学年の秋・春・夏の戦績。個人成績は甲子園出場時の成績のみを掲載

PROFILE

やなぎた・ゆうき● 1988年10月9日生まれ。広島県出身。188cm87kg。右投左打。広島商高では2年秋に中国大会に出場。3年夏は広島大会ベスト4で敗退した。卒業後は広島経済大に進学し、2011年にドラフト2位で福岡ソフトバンクホークスへ入団。14年に全144試合に出場を果たして大ブレーク。2020年時点でMVP2回、首位打者2回、最高出塁率4回、最多安打1回など獲得タイトルも多数。全国の高校球児のあこがれの存在でもある。

僕たちの高校野球
EXTRA INNING

恩師・迫田守昭監督〔元・広島商高監督〕から柳田悠岐へ

「柳田には運やツキもある。もちろんそれだけではなくて、練習や食事の面でも相当な努力をしていました」

▼遅咲きの才能

高校時代の柳田は、今とはまったく逆でミート専門のバッターでした。それこそ右にも左にも打てるという器用な選手でしたね。それでいて体は細かったけれど、やっぱり力もありましたから、ホームランも打っていました。ですから打つことに関しては、ほとんど注文という注文をしたことはありませんでした。少し調子が悪くなった時にアドバイスをするくらい。とにかくミートするのがうまくて、ボールを芯でとらえる能力が備わっていました。ですから、突然レギュラーに入れても、すぐにクリーンアップを任せられたんです。最終的に打つことに関しては、チームで一番能力のある選手でしたね。

彼は本当に稀なケースの選手で、それこそ1、2年生のころはほとんど目立っていませんでした。本格的に頭角を現し始めたのは、3年の春以降で打線の中心選手として活躍してくれましたが、そもそも下級生でレギュラーになれなかった選手がクリーンアップを打つというのは珍しいこと。ましてやプロの第一線で活躍するような選手は、ほとんどが高校に入学してすぐにメンバー入りするとか、遅くとも1年の終わりころにはレギュラーになっているケースが多いはずです。ところが柳田は2年秋にはメンバーには入ったものの、まだそこまでの選手ではありませんでした。現在プロの一軍で活躍している選手で、彼のように1、2年生の時にレギュラーではなかったという選手は、あまりいないんじゃないかな。

ましてや柳田の場合、今ではもう日本を代表する選手になっているわけですからね。私からすれば、ちょっとあり得ないなと（笑）。やっぱり広島経済大で、指導者や環境に恵まれたことが大きかったと思います。

実は、彼は関東の大学のセレクションを受けに行ってい

PROFILE

さこだ・もりあき● 1945年9月24日生まれ。広島県出身。選手時代は広島商高―慶大―三菱重工広島でプレー。79年の都市対抗では初出場で初優勝。2000年秋から広島商高の監督に就任。07年から20年は広島新庄高で指揮を執った。

るんです。最後まで残ったようですが、結果的には選ばれませんでした。柳田の能力は高く評価されていましたが、それでも限られた枠を外野手の彼ではなく、投手に使うことにしたようですね。それで不合格となった時に、彼は「野球を辞める」と言い出したのですが、私はそれはあまりにももったいなさすぎると思いました。プロに行けるかどうかは分かりませんでしたが、少なくともウチのチームで最も能力の高い選手でしたから、事次第ではこれから大きく成長する可能性があると思っていましたので。高校の先生方もとても心配してくれて「ここで辞めてしまうのは、もったいないじゃないか」ということを言ってくれたみたいです。それで柳田も気持ちを切り替え、野球を続ける選択をしてくれました。

▼努力で切り拓いた道

でも今思えば、逆にそれが良かったのではないかと思います。もし彼があのままセレクションに受かって東京の大学に行っていたら、今の柳田はいないかもしれません。1年生の時には厳しい下積みや慣れない生活環境などから、なかなか自分のトレーニングの時間も取れなかったと思うんです。その点、広島経済大では1年生からしっかりとトレーニングをさせてもらい、試合にも出させてもらっていましたからね。そして龍（憲一）監督（当時）の下で、伸び伸びと野球をやらせてもらったことが、今の柳田を作ったのだと思います。

そういう意味では人生どこにいいことが転がっているか、分からないもんだなと。第一志望に進めたからといって、そこが自分にとってプラスになるかどうかは分からないですからね。まあ、柳田にはそういう運やツキもあったのでしょう。もちろんそれだけではなくて、本人がトレーニングや食事の面でも相当な努力をしたことは間違いありません。

柳田といえば、今はフルスイングのイメージが定着していますが、私はそれこそあんなに大振りしなくてもいいんじゃないかなと思っているんです。彼も2021年で33歳。長くプロで活躍するためにも、ケガをしないようなフォームにすることも考えていいのかなと。ましてや彼ほどの高い技術があれば、普通に振ってもホームランは打てるはずですからね。逆に打率はもっと上がるんじゃないかな。とにかく、まだまだ彼の活躍を見たいと思っているファンは多いと思いますし、私もその1人。ケガだけには気を付けて、これから先もプロ野球界を盛り上げていってほしいです。

僕たちの高校野球

青春ストーリー2

坂本勇人

【光星学院高―読売ジャイアンツ】

やんちゃ坊主を変えた高校野球という魔法

186センチという長身にして、彼ほど身のこなしが軽く、しなやかなプレーができる内野手は、今の日本球界にはいない。2020年までに4度ゴールデン・グラブ賞に輝いた坂本勇人だ。さらに彼が〝歴代最高の遊撃手〟と言われる所以は、次々と歴史を塗り替えているその打棒にもある。14年にはセ・リーグ史上最年少の25歳5カ月で1000本安打を達成。16年に首位打者（打率・344）、19年にはシーズンMVPと、いずれもセ・リーグでは遊撃手として史上初の快挙を成し遂げている。そして20年11月8日、ついに2000本安打を達成。31歳10カ月での達成は、右打者としては史上最年少の記録だった。その日、祝福ムードに包まれた東京ドームのスタンドには、光星学院高（現八戸学院光星高）時代の恩師である金沢成奉監督（現明秀学園日立高監督）も訪れていた。

坂本が卒業して14年、恩師がドームを訪れたのはその日が初めてのことだった。〈野球を続けてきて良かったです〉。試合後、金沢監督の携帯には坂本からそうメッセージが寄せられたという。そんな傍目からも羨ましく思うほどの師弟関係は、一朝一夕でできたものではない。数々の苦しみを乗り越えてきたからこそのものだ。特に関西出身の坂本が雪国で初めて迎えた冬、厳しい寒さとともに訪れた試練があった――。

1年冬の騒動

「野球部を辞める気で来たな」

　その日、金沢監督は坂本の姿を見てそう直感した。年末年始の休暇が明け、1週間ぶりの練習再開の日だった。いつもなら監督から最も遠い場所にいる坂本が、その日は一番前に陣取っていた。おそらく地元で開けたのだろう、鼻にはピアスが付けられていた。坂本の気持ちを察した金沢監督は、そのまま監督室に連れていき、2人で話をした。


「野球部、辞めたいんか?」

「はい」

「それなら、辞めたらいい」

「はい」

そうして坂本はコーチの車で三沢空港まで送られ、伊丹行きの飛行機に乗って実家へと戻っていった。だが、金沢監督は本心では野球を辞めさせるつもりはなかった。「これだけの素質を持った選手を辞めさせてはいけない」。そう思っていた。そこですぐに坂本の父親に電話をし、説得してもらうように頼んだ。

「息子さんの気持ちは分からないでもありません。初めて帰省をして、友だちと遊んで楽しかったんでしょう。それで寒い青森で厳しい練習に耐えている自分と比べて、友だちがうらやましく感じたのだと思います。ただそれは一過性のもの。勇人から野球を取ってはいけない。私は絶対に辞めさせるつもりはありませんので、親御さんや友だちからも話をしてあげてください。〝オマエは甲子園に出場して戻ってくるんじゃなかったのか〟〝青森でひと花咲かせて、プロに行くような素質があるオマエはここにいるべきではないんじゃないか〟といったようなことを言ってあげてください」

そしてもう一人、金沢監督が相談を持ちかけた人物がいた。後にキャプテンを務めた同学年の藤本健太だった。「坂本もやんちゃでしたが、藤本の方がもっとやんちゃでした。だから坂本も、彼には一目置いているところがあったんです。それで藤本に『坂本に帰って来るように電話をしてくれ』と言いました。そうしたら『何を言ってもいいんですか?』と言うもんだから、いいよと言ったんです」。すると藤本は電話で坂本にこう言ったという。

「オマエ、このままだったらケッツァンの思うツボだぞ。ケッツァンに負けたくなかったら早く帰ってきて、鼻の穴あかそうぜ」

「ケッツァン」とは、坂本たちが選手の間で呼んでいた金沢監督の愛称だ。金沢監督によれば「あごがケツのように割れているから」なのだという。いずれにしても、藤本にそう言われて、坂本もそのまま辞めるわけにはいかなかったのだろう。同じ高校生だからこその、反抗心をくすぐる言葉となったことは間違いない。さらに地元で家族や友人に背中を押されたことで思い直した坂本は1週間後、八戸のグラウンドに戻った。それ以降、坂本はまさに一心不乱に野球に取り組むようになった。

青森で始まった高校野球

坂本は中学生の時から「絶対に甲子園に出る」という強い思いを抱いていた。そんな彼が、実家のある兵庫県から遠く離れた縁もゆかりもなかった青森県八戸市にある光星学院高に進学するきっかけとなったのは、伊丹シニア時代の中学3年の時、練習を見に訪れていた金沢監督から声をかけられたことにあった。

「高校を選択するにあたって、考えていたのは寮生活ができる学校でした。実家からの通いだと、地元の友だちと遊んじゃうだろうなと思ったので、親元を離れて野球に打ち込む環境に身を置きたいと思っていたんです。とは言っても、特定の志望校があったわけではなかったので、どうしようかなと思っていたところに、たまたま金沢監督が練習を見に来てくださっていて『ぜひ来てくれ』と言ってくださったんです。すごくうれしくて『喜んで行きます！』っていう感じでした」

とはいえ、実は当時の坂本、光星学院高をまったく知らなかった。「青森の高校なんて、まったく未知の世界だった」と語る坂本は、気になって調べてみた。すると

パンチ力も兼ね備えたバッティング
でチームの主軸を担った

2000年夏には甲子園でベスト4、01、03年の夏にもベスト8に入っていることが分かり、「うわ、こんなに強いんだ！　オレも甲子園に出られるんだ」とテンションが上がったという。

一方、金沢監督は一瞬にして坂本の素質の高さを見抜いていた。
「坂本をひと目見た瞬間に〝これは将来、プロに行く選手になるだろうな〟と直感しました。守備においてはあの体のサイズでショートをこなすだけのしなやかさがあった。何よりもグラブさばきが良かったですね。またバッティングにおいては、体はちょっと細身でしたが柔軟性がありましたし、しなやかさの中にも強さがあった。小さな力で大きな力を生み出すという典型的なロングヒッターにある条件を持っていました。なかなか両方の面を持っている選手というのはいないのですが、坂本にはそれがありました」

04年春、まだ寒さが残る八戸の地で、坂本の高校野球がスタートした。高校時代の練習について訊かれると、思わず苦笑いしてしまうほど、その厳しさは坂本の想像を絶していた。

「それこそ学校が休みの日は朝から夜中までと練習時間がすごく長かったんです。中でも一番きつかったのが、走るメニュー。今でも真っ先に頭に思い浮かぶのが冬場の厳しすぎるトレーニングです。午前中はずっとランニングという日もありました。というのも、外には雪が積もっているので、屋内練習場でできることと言えば限られていて、ボールを使ったメニューができない。となると、どうしても素振りとかランニングが中心になるのですが、その量がとにかくハンパじゃなかった。もう、あれだけはどんなに頼まれても絶対に嫌です。思い出したくもない（笑）」

それでも厳しい練習のおかげで体が鍛えられ、パワーもついた坂本は1年秋からメンバー入り。前述した騒動を経て、すっかり野球に集中するようになった坂本は、頭角を現し始めていた。そんな中でプロのスカウトから注目されるきっかけとなった試合があった。2年夏、青森県大会の決勝だ。相手は宿敵・青森山田高だった。金沢監督は、青森山田高との関係をこう語る。

「ウチは青森山田しか見ていなかったし、青森山田もウチしか見ていないような、お互いにとって最高のライバルだったと思います。それこそ青森山田に勝ったら全国でも勝てるというような気持ちで戦っていましたし、それは青森山田さんも同じだったと思います」。そうして、お互いに因縁のライバルとして見ていたのは野球部に限った話ではなかったと坂本は言う。

「光星と山田との試合になると、学校だけではなく、町をあげての勝負ごとになるんです。だから球場ではものすごい応援合戦が繰り広げられました。僕は兵庫県の出身なので、あまりそのあたりの背景には詳しくはないのですが、とにかく周囲からは〝山田だけには負けるな〟と言われましたし、僕たちも〝山田にさえ勝てば甲子園に行ける〟と思いながらやっていました」


光星学院高がある「八戸市」と、青森山田がある「青森市」。今では同じ「青森県民」だが、その昔は「南部藩」と「津軽藩」という2つの藩に分かれ、激しい勢力争いが繰り広げられていた。そのために競争心が根強く残っているのだという。

実際、青森県出身者に聞くと、現在は以前ほどではなくなったが、それこそ坂本が高校時代はまだライバル心が強く、「おらホのまち」「おらホのチーム」という言葉がよく飛び交っていたという。さらにその昔は、両市の間では結婚さえも許されなかったという時代があったようだ。話す言葉にも結構な違いがあり、たとえば「自分たちの方が強い」と主張する場合、八戸市の南部訛りでは「おらんどのほうがつえー」と言い、青森市の津軽訛りでは「わんどのほうがつえーね」と言ったりする。おそらく高校時代の坂本も、この言葉を何度も耳にしたに違いない。

そんな応援合戦が繰り広げられる中で行われた青森山田高との決勝。結果は1対8と青森山田高の圧勝に終わった。そんな中、2年生の坂本はしっかりと爪痕を残していた。4回裏、すでに青森山田のワンサイドの展開となっていたが、坂本はその年の秋のドラフトでロッテから1位指名を受けた柳田将利からバックスクリーンにホームランを放った。それは準決勝まですべて完封勝ちしていた青森山田高にとって初めて

▲ 2006 年に出場したセンバツからの1枚。強肩とフットワークの軽い内野守備でもチームを支えた

◀ 2006年秋のドラフトで巨人から1位指名。新たな物語がこの日からまた始まった

の失点だった。この時のことは、今も金沢監督の脳裏に鮮明に残っている。

「性格も負けず嫌いなところがありましたから〝何が何でも一矢報いる〟という強い気持ちがあったのだと思います。あのホームランは、そんな気持ちの表れだったと思います」

この一発によって坂本はプロのスカウトからも注目される存在となっていく。

監督が悔いた最後の打席

3年生が引退し、チームは新たなスタートを切った。タレントがそろっていた坂本の代は金沢監督が「歴代の中でもトップクラスの実力があった」と語るほど強かった。実際、その年の秋は県大会で優勝、続く東北大会でも準優勝し、1998年以来8大会ぶりのセンバツに出場を決めた。坂本も打率・320、13打点、7盗塁、1本塁打という成績を残した。

06年3月25日、第78回選抜高校野球大会1回戦。光星学院高は関西高（岡山）と対戦した。1回裏、二死二塁から坂本が大会注目の右腕・ダース・ローマシュ匡の投じた緩いカーブにうまくタイミングを合わせた。打球は三遊間を抜け、二塁ランナーが生還。坂本のタイムリーで光星学院高が先制した。さらに坂本は5回裏、9回裏にもヒットを放つと、いずれも二盗を決め、得点のチャンスを作った。しかし、そのチャンスを生かしきれず、結果は4対6。光星学院高は初戦で姿を消した。坂本は5打数3安打の猛打賞。チームのヒット6本中半数の3本を一人で叩き出し、主砲としての役割を果たした。

「自分としては結果も出たということもありましたが、何よりずっとあこがれてきた甲子園に出場できたことがうれしかったです。一つの夢が叶った瞬間でしたからね。でも、やっぱり負けたことは悔しかったですよ。だから絶対に夏に戻ってきて、今度は優勝を目指すんだ、という気持ちでした」

甲子園から地元に戻り、すぐに春季大会に出場した光星学院高は県大会、東北大会

で優勝し、盤石の体制で夏を迎えた。坂本も東北大会で４本のホームランを放ってい
た。夏の青森大会、光星学院高は東北王者の名を欲しいままに〝超〟が付くほどの快
進撃を見せた。初戦となった２回戦で六戸高を10対０、３回戦で八戸商高を９対０と
２試合連続でコールド勝ち。４回戦の野辺地西高戦は苦戦を強いられ、７回を終えて
０対２とリードを許していたが、８回に一挙３点を奪う猛攻を見せ、そのまま３対２
で接戦を制した。その後、再び打線が爆発。準々決勝の百石高戦は16対０、準決勝の
東奥義塾高戦は20対０といずれも５回コールドで圧勝し、２年連続で決勝進出を決め
た。坂本自身は絶好調なチームとは裏腹に、東北大会までの勢いはなかったが、それ
でも準決勝ではホームランを放ち、調子を取り戻しつつあった。

決勝の相手は、やはり宿敵・青森山田高だった。前年は相手の大勝に終わったが、
この試合は１点を争うシーソーゲームとなった。最初に得点のチャンスを掴んだのは、
光星学院高だった。１回表、二死二塁で四番の坂本に打席が回ってきた。しかし、坂
本はサードゴロに倒れ、先取点を奪えなかった。するとその裏、青森山田高が一死二、

三塁から四番打者のタイムリーで先取点を奪い、さらにこの回1点を追加して2点をリードした。光星学院高も3回表、4回表と1点ずつを挙げて、試合を振り出しに戻したが、4回裏、5回裏に青森山田高に追加点を許した。坂本は2打席目、3打席目はいずれも空振り三振に終わり、この試合はヒットが出ていなかった。

8回表、光星学院高が反撃し、キャプテン・藤本の相手の隙をつく好走塁などで2点を挙げ、1点差に迫った。そして迎えた9回表、二死一塁で坂本に打席が回ってきた。ここで金沢監督はタイムをかけて、こう坂本に告げた。

「大きいのを狙うな。1点差だから、とにかくつなげることを優先に考えろ」

するとと、坂本は外角への変化球に手を出し、ぼてぼてのショートゴロに。一塁に必死のヘッドスライディングを見せたが、間に合わなかった。坂本は一塁塁審の「アウト」の声を聞くと、四つん這いのままうなだれた。またもあと一歩のところで、夏の甲子園には届かなかった。

「光星に入って3年間、夏は山田に負け続けたまま終わってしまいました。夏は本当に難しいなと痛感させられましたね。でも3年間必死にやり切ったので、後悔はなかった。今振り返ると、特別な雰囲気があった山田との試合はどれも思い出深いです」

一方、この敗戦について、金沢監督はこう振り返った。

「実力があるチームでしたので、私自身も勝てるだろうと思っていました。ただ、最後まで坂本を含めて選手らと私とで気持ちが一つになれなかったというのが、どこかにありました。というのも、私が思い描いていた野球を少し上から押し付けるようなところがあったのだと思います。私自身も〝この代で何が何でも甲子園に〟という思いがあって、それが強過ぎたんでしょうね。選手たちを上から押し付けてしまっていたのだと思います。それに対して、坂本もそうですが、キャプテンの藤本も坂本に負けず劣らずエネルギーがある子でしたから、理解してではなく、私に反発して〝やってやる〟という方が大きかったと思います。それが最後までかみ合わなかった要因となっての負けだったと思います」

そして、坂本に対しても後悔していることがあるという。それは最後の打席でのひと言だった。

「ウチで一番ホームランを打っていて、信頼のおけるバッターでもあったのですが、やはり僕があんなことを言ってしまったものだから、結局、最後はボール気味の球に手を出してしまった。試合が終わった瞬間に〝ああ、ここはホームランを打ってこい、くらい言った方が良かったのかな〟〝なぜ一番ホームランを打っている選手に、あんなことを言ってしまったんだろうか〟と反省しました」

決勝の翌日、卒業後の進路について面談をした際、金沢監督は坂本に前日の最後の打席について、こう切り出した。

「やっぱりオレがあのときに〝大きいのを狙うんじゃなくて、つなげろ〟と言ったもんだから、中途半端なスイングになったのか?」

監督の質問に、坂本は「はい」と即答したという。

「あぁ、やっぱりそうだったのかと。1年の冬に鼻にピアスをして野球部を辞めようとしたくらい、我の強い坂本が最後はチームプレーに徹してセンター返しをしようとしたこと自体は、成長してくれたなという思いもあります。しかしながら、アイツの才能を信じて、最後は〝ホームランを狙え〟くらい言ってあげられなかった監督としての僕の弱さでもあったかなと。もちろん結果論なので、何が良かったのかは今でも分かりません。でもあの時、坂本に『はい、そうです』と言われた時には、『オレが中途半端なことを言ったもんだから、悪かったな』と謝りました」

また、その日の面談で「プロに行きたい」という坂本にこう告げた。「プロに入ったら昨日のことを忘れずに、常にフルスイングをしてくれ。オレも昨日のことは監督として絶対に忘れないから」。

この恩師との約束が、今の坂本の原点となっている。

本気のぶつかり合い

20年11月8日、金沢監督の姿が東京ドームにあった。普段はプロ野球はほとんど見ないという金沢監督だが、2000本安打まであと1本に迫っていた教え子の勇姿をひと目見たいと坂本の代にキャプテンを務めた藤本らとともに初めてドームに足を運んだのだという。「鼻にピアスをしてやんちゃだった彼が、2000本安打を打って大観衆の前で、どういう表情をするのか、1人の人間が野球によって人生が変わる瞬間というものを見たかったんです」。試合前、バックネット裏で藤本ら同級生と談笑していた際、坂本は「ケッツァン、来てるの?」と聞いてきたという。藤本が上の方を指しながら「ほら、いるよ」と告げると、照れ隠しなのか、笑いながらこう言った。
「今日打てなかったら監督のせいだって言っといて(笑)」

その言葉とは裏腹に、坂本はしっかりと恩師の前で勇姿を見せた。1回裏、ヤクルトの先発・スアレスからレフト線に運ぶ二塁打を放った。プロ野球史上53人目、巨人では6人目にして初めて本拠地で2000本安打を決めた。二塁ベース上で笑みを浮かべる坂本の表情を見て、金沢監督は「本当に野球でこれだけ人生が変わるんだな」と感じたという。「ほっとしたような坂本の表情からは、ここまでよく頑張ったなということと、まだまだ頑張らなくちゃいけないという両面が伝わってきました。改めて、野球の力の偉大さを痛感させられました」。試合後のインタビューで坂本は恩師について訊かれると、こう答えている。

「野球を辞めたいと思った時に引き留めてくれました。一番に僕のことを考えてやってくれた。光星学院高に行って良かった。厳しい監督さんの下で野球をやって、僕の野球人生は変わりました。今でも頭が上がりません」。そして、金沢監督にも、こんなメッセージを送っている。

「本当に野球を続けてきて良かったです」

高校時代、金沢監督とお互いに本気でぶつかり合ったからこそ、今も続く固い絆が生まれたに違いない。やんちゃ坊主を変えた高校野球の魔法のような力。また甲子園という同じ目標に向かって戦い続けた「高校野球」という時間は、これからも永遠に2人の間を流れ続けていく。

やんちゃ坊主だった1人の高校球児は、周囲のサポートも受けながら大きく才能を開花させた

▶光星学院高時代の主な戦績

2005年秋	青森大会	2回戦	木造	○	8-0	
		準々決勝	青森	○	2-1	
		準決勝	青森山田	○	10-9	
		決勝	八戸工大一	○	10-3	
2006年春	選抜高校野球大会	1回戦	関西	●	4-6	四番·遊撃 5打数3安打0本塁打1打点
2006年春	青森大会	2回戦	弘前南	○	11-0	
		準々決勝	青森山田	○	6-3	
		準決勝	東奥義塾	○	8-0	
		決勝	八戸工大一	○	11-0	
2006年夏	選手権青森大会	2回戦	六戸	○	10-0	
		3回戦	八戸商	○	9-0	
		4回戦	野辺地西	○	3-2	
		準々決勝	百石	○	16-0	
		準決勝	東奥義塾	○	20-0	
		決勝	青森山田	●	4-5	

甲子園に出場した選手は学年に関係なく、地方大会の戦績から掲載。未出場の選手は最終学年の秋・春・夏の戦績。個人成績は甲子園出場時の成績のみを掲載

PROFILE

さかもと・はやと● 1988年12月14日生まれ。兵庫県出身。186cm86kg。右投右打。光星学院高では1年秋からショートのレギュラーをつかみ、2006年のセンバツで甲子園出場も果たした。チームは1回戦で敗退したが、坂本は3安打の活躍でプロスカウトから注目を集めた。2007年ドラフト1位で巨人に入団。1年目から一軍デビューを飾り、2年目からは定位置を獲得した。MVP、首位打者、最多安打、最高出塁率など獲得タイトルも多数。

僕たちの高校野球
EXTRA INNING

【元・光星学院高監督―現・明秀学園日立高監督】

恩師・金沢成奉監督から坂本勇人へ

「青森で過ごした3年間は坂本にとって人生に必要な土台となる時間だった」

▼忘れられない言葉

東京オリンピックの野球日本代表メンバーが発表された2021年6月16日、私が「おめでとう」と祝福のメールをすると、坂本からこんなうれしいメッセージが送られてきました。「あんなでたらめだった自分が、オリンピックに出られるようにまでなるなんて、本当に信じられません。監督のおかげで、ここまでこれました」。この言葉を見て、あの光星学院高の3年間が坂本にとって土台となっていると思ってくれているのかなと思い、指導者としては光栄に感じました。

坂本は高校時代から勉強はともかく、とても頭が良く、感性が鋭い選手でした。独特な危機察知能力があったのでしょう。いつも私から離れたところにいて、私が右に行けば左に、左に行けば右に行くような選手だったんです。ですから1年の冬に鼻にピアスをして、私の目の前に座った時には、すぐに野球部を辞める覚悟で来たことは分かりました。おそらく私を怒らせて「野球部を辞める」と言おうとしているんだろうなと。そうしたら私が引き留めるとも思っていたところもあったかと思います。ただ、今は何を言っても聞く耳を持たないだろうなと思ったので、冷却期間を置くという意味でも「それなら辞めて、実家に帰りなさい」と言ったんです。でも、みんなに説得されて戻ってきてからの坂本は見違えるように練習に励んでいました。もう、こと野球に対しては何の注文もないというくらい。もう一心不乱にバットを振り、白球を追いかけていましたから。

そんな坂本には高校時代、左ヒジが開くクセがありました。2年の春先、一時はそれを修正しようとしたのですが、一向に良くならなかった。坂本自身も納得していなかったので、もうこれは逆に彼の特徴としてしまった方

PROFILE
かなざわ・せいほう● 1966年11月13日生まれ。大阪府出身。選手時代は太成高―東北福祉大でプレー。1995年に光星学院高（現・八戸学院光星高）の監督に就任。チームを春夏合わせて8度の甲子園出場に導く。2010年からは総監督として指導し、11年夏から3季連続の準優勝。12年秋に明秀日立高の監督に就任。

がいいかなと。そうしたところ、金属バットということもあって、左ヒジが開くからこそバットがスムーズに内側に入ってインコースの球をセンターに打ち返すバッティングができていました。ただ、プロに入れば、そのままでは通用しないことは分かっていました。なので最後の夏の大会を終えて引退した後、それまで下がり気味だったバットの軌道を水平にして、アッパー気味のスイングからレベルスイングに修正していったんです。左ヒジが開くという特徴は残したまま修正したことで、今のインコース打ちの巧さにつながっているのだと思います。

▼野球があったからこそ

坂本との思い出はたくさんありますが、一番印象に残っている試合といえば、やはり彼が2年夏に青森山田高との決勝で柳田（将利）君から打ったバックスクリーンへのホームランですね。すでに0対8と完全に相手に主導権を握られた中で打った一発は、昨年東京ドームで2001本目のヒットとして打ったホームランと同じような軌道を描いた豪快なものでした。あの時、黙々とダイヤモンドを一周してベンチに戻ってきた坂本が、みんなにこう言ったんです。「これからやぞ！ まだ終わってないんや！」。そうチームを必死に鼓舞していた姿は今でも忘れられないですね。

僕自身、高校野球は生きていくためのアイテムだと思っているんです。そして、それは坂本も同じだと思います。野球がすべてということではなく、自分自身を一番アピールできるもの、一番輝かせてくれるもの。それが野球だということです。

だからよく選手たちにも言うんですよ。「オマエたちには高校野球という最高のアイテムがあるんだぞ」って。そして野球というアイテムを通じて、さらにたくさんのアイテムを身に付けることで、人として成長し、豊かな人生を送ることができる。もちろんアイテムは持っているだけでは宝の持ち腐れになってしまいます。要は、アイテムを使って人生をどう切り拓いていくかということです。それこそ坂本の存在は、そのロールモデルでもあると思います。

選手としてだけでなく、坂本は人間的にも本当に大きく成長してくれました。徐々に円熟期を迎えていますが、初心を忘れることなく、いつまでも野球が大好きな坂本勇人でいてほしいと思います。そして、たくさんの人たちに夢と希望を与えていってほしいと心から願っています。

僕たちの
高校野球

青春ストーリー 3

大野雄大

［京都外大西高―佛教大―中日ドラゴンズ］

沢村賞左腕の原点と恩師との絆

今や「侍ジャパン」にとってもその経験値と力は不可欠な存在だ。中日のエースとなった大野雄大。２０２１年はチームで唯一、東京オリンピックの野球日本代表にも選出された。21年までの直近5年間で3度の開幕投手を務め、19年には最優秀防御率、20年には最優秀防御率、最多奪三振と二冠を達成。そして、投手として最高の栄誉である沢村賞にも輝いた。

田中将大（楽天）や坂本勇人（巨人）、柳田悠岐（ソフトバンク）らと同じ〝１９８８年世代〟の一人でもあるが、1年時から不動のレギュラーの座をつかんだ田中や坂本らとは異なり、高校時代の大野はまさに苦労人。結局、最後まで背番号1を付ける存在にはなれなかったことは、最後の夏に甲子園出場の切符を逃したことと並んで、自身の中でも悔しい思い出の一つとなっている。そんなサウスポーの礎が築かれた高校時代をひも解く。

背番号10で聖地へ

「なんだか、別世界にいるような感覚でした」

2006年3月26日、第78回選抜高校野球大会。東海大相模高（神奈川）との1回戦、大野は甲子園球場のマウンドに立っていた。

「ピッチャー、大野君」

甲子園にこだまする自分の名に、心が震えた。背番号は10番だったが、厳しい競争を勝ち抜いてつかみ取った先発の座はエースの証。17歳の大野は、それまでに経験したことのない高揚感に包まれていた。それは7カ月前には叶わなかったことだった。

2年の夏、京都外大西高は京都府大会で優勝し、2年連続7回目の夏の甲子園に出場。春夏合わせて初めて決勝に進出するという快進撃を見せた。決勝では駒大苫小牧高（南北海道）に3対5で敗れはしたものの、過去最高の準優勝という成績に同校は祝福ムードに包まれた。

もちろん大野もチームの快挙はうれしかった。それ自体は素直に喜べた。だが、自分自身については不甲斐なさしかなかった。決勝までの6試合で登板機会はなく、一度も大野の名がアナウンスされないままベンチで見ることしかできなかったのだ。

「京都府の予選では何度か登板機会をもらえていたのですが、甲子園では結局、1球もマウンドで投げることができなかったんです。当時は僕を含めて4人のピッチャーがベンチ入りをしていて、僕以外の3人はみんな投げたんです。だから〝あぁ、自分だけは甲子園という舞台で投げさせるまでの信頼感を得られていなかったんだな〟と。チームは準優勝ですから、それだけ3人のピッチャーが良かったわけですが、彼らと比べると自分でも安定感がないことは分かっていました。投げてみないと分からないピッチャーだったので、それでは甲子園では投げさせられなかったというのは当然だったと思いますし、そのときもそう思っていました」

準優勝の歓喜とともに3年生が引退し、新チームが発足。大野も主力の1人となった。秋の京都大会では、5試合で30回を投げ、25奪三振、防御率1・20と好投。準優勝し、近畿大会進出に貢献した。ところが、近畿大会ではまたも登板機会が与えられなかった。チームにはそれだけ好投手が多く、競争が激しかった。まだまだ信頼を得られていないことを痛感した大野は、その年の冬、より一層トレーニングに励んだ。年が明けて京都外大西高のセンバツ出場が決まると、大野は「今度こそ」という思いで開幕を待っていた。

「大野、初戦の先発はオマエでいくからな」

前年秋に三原新二郎前監督から指揮官の座を引き継いだ上羽功晃監督からそう言われたのは、1回戦当日のことだった。

「先発が僕って言われた時は、すごくうれしかったです。たぶん、冬のトレーニングとかの姿を評価してくださって、監督さんに大野に任せて大丈夫かなと思ってもらえたんだと思います。僕も〝よし、やってやるぞ〟という強い気持ちになりました。と

甲子園には3年春に出場。初戦の東海大相模高戦で先発としてマウンドに上がった

ころが、夜になったら緊張で全然眠れませんでした（笑）」

　対戦相手の東海大相模高の打線は、スイッチヒッターを含めて一番から五番まで左打者がズラリと並ぶオーダーだった。そのため、サウスポーである大野が最適な〝切り札〟と考えられたのだろう。しかし、上羽監督はそれだけではなかったと語る。

「冬のトレーニングを頑張っていたのは当然見ていましたし、ホンマにあの時の大野は調子が良かったんです。球威も上がっていたし、カーブも良くなってきているなと感じていました。それに近畿大会では投げていないので、相手もびっくりするやろうなと。それで大野を先発にしました」

　06年3月26日、大野は公式練習以外では初めて甲子園のマウンドに上がった。

「これがずっと子どものころからあこがれてきた舞台か。ついに、来たんだな」。自然と気合いが入った。しかし、立ち上がりを東海大相模高打線に攻められてしまう。1回裏、先頭の同じ2年生・田中広輔（広島）に高めに甘く入ったカーブをセンター前に運ばれた。さらに一死三塁から内野ゴロの間に三塁走者の田中が生還。大野は先取点を許した。その後は、緊張もほぐれたのだろう。2回は三者凡退に斬ってとると、3回は二死からランナーを得点圏に進めてピンチを招くも、後続を断って追加点を許さなかった。大野は3回2/3を投げて、被安打4で1失点とまずまずのピッチングでマウンドを後にした。

「もうあっという間で、気づいたら交代を告げられていたという感じでした。僕以外にもいいピッチャーが多かったので、早めの交代は当然だったというか、僕自身も長いイニングを投げるということは考えていませんでした。行けるところまで全力投球しよう、という感じで投げていたんですけど、本当にあっという間の時間でした」

京都外大西高は6回表に1点を挙げて試合を振り出しに戻した。ところがその裏、2番手・北岡繁一と3番手・本田拓人が2四球とヒットで二死満塁のピンチを招いた。ここで東海大相模高の八番・長谷川隼也に2点タイムリーを打たれ、勝ち越しを許した。さらに東海大相模高は8回にも1点を追加し、リードを広げた。一方、味方打線は7回にはランナーを得点圏に進めるも、あと1本が出ず……。9回もチャンスを生かせず、得点を挙げることができなかった。1対4で敗れて初戦で姿を消した。大野は夏に再び、このマウンドに戻ってくることを誓って甲子園を後にした。

まるで青春マンガ

今も大野の記憶に色濃く残っている、涙のシーンがある。それは最後の夏、チームメートとともに流したものだった。

06年7月、第88回全国高校野球選手権大会京都府予選。京都外大西高は投打ともに好調で快進撃が続いた。初戦の2回戦は東舞鶴高を7対2、3回戦は園部高を8対0（7回コールド）、4回戦は南陽高を10対0（5回コールド）といずれも快勝し、順当にベスト8に進出。しかし、準々決勝の京都すばる高戦は、この夏初めて苦戦を強いられた。相手のエース、07年秋のドラフトで広島から4巡目指名された2年生サウスポーの中村憲をなかなか攻略しきれなかったのだ。

一方、京都外大西高は先発したエース・北岡の三塁悪送球で得点を許すなど、序盤にいきなり3失点。投打がかみ合わず、京都外大西高は流れを引き寄せられないまま。8回を終えて2対4。2点ビハインドで最終回を迎えた。するとこの回、吉田恭太がタイムリーを放ち、逆転に成功。土壇場での勝ち越しに、大野の心は震え、涙が勝手に流れ落ちてきた。

「あの時は、みんな〝オレらはこんなところで絶対に負けられへん〟という強い気持ちがあったと思います。そういう中で、僕と中学から同じチームでやってきた吉田が逆転タイムリーを打ってくれて。僕以外にも泣いている選手は多くて、まるで青春マンガみたいな感じでした。僕も感情が高ぶりましたよね」

しかし、そう簡単には勝たせてはくれなかった。8回裏からリリーフし、そのまま9回裏のマウンドに上がった大野は、先頭打者を死球で出し、次打者には初球で犠打を決められてしまう。一死二塁。長打が出れば、一打同点のピンチとなった。すると、ここで大野のピッチングのギアが上がった。〝うなるような〟という表現がピッタリの力強いストレートで3球三振。大野の目にもう涙はなく、闘志あふれた鋭い眼光には高い集中力がうかがえた。最後の打者にも気迫のこもったストレートを投げたが、その2球目、鋭く振り抜かれた。金属バット特有の快音が鳴り響き、ライナー性の鋭い打球が飛んだ。一瞬、三遊間を抜くかと思われたその時、大野がとっさに出したグラブに打球が当たった。そのおかげで失速した打球はワンバウンドし、ちょうどショートを守っていた1年生・小牧泰士の胸に跳ね上がった。一度はファンブルして打球を落とした小牧だったが、すぐに拾い上げて一塁へ送球。一塁塁審の右手が上がると同時に、熱戦に終止符が打たれた。5対4。京都外大西高は起死回生の逆転劇で準決勝進出を決めた。マウンドから整列に向かう大野の目には、再び涙が流れていた。

この時の大野の姿は、上羽監督の記憶にも鮮明に残っている。

「あのピッチングは本当に良かったです。9回はたぶん、泣きながら放っていたと思いますよ。あの試合、先発をしたエースの北岡は本来フィールディングがとてもうまいピッチャーだったんです。ところがその試合に限ってバウンドした打球の処理に失敗をして、サードに暴投したんです。そしたらカバーしに行った選手もトンネルしてしまって。そういう変な点の取られ方をしての3点ビハインドを負った状態で8回まででいってしまいました。それで最終回に中学時代からの同級生が逆転タイムリーを打ってくれたもんだから、大野はあの9回裏はめちゃくちゃ気合いが入っていました。試合のピッチングでは、あれが一番良かったと思います。ベンチから見ていても、ボールがうなっていましたからね」

大野自身も「最高の試合だった」と語る。「今でも〝あの時のボールはすごかった〟とその試合を見てくれていた人はみんな言ってくれるんです。それくらい、僕も気合が入っていました。でも、何と言っても勝ったことがうれしかった。甲子園に出場できたときと同じくらいに最高の思い出になっています」。

誰もがこの勢いのままに、甲子園に行けると信じていた。だが、翌日にはもう勝利の女神は京都外大西高のベンチにはいなかった。準決勝の福知山成美高戦、先発した大野は前日を彷彿とさせるようなピッチングで、4回まで相手打線を無失点に抑えた。ところが1対0とリードして迎えた5回裏に3ランを打たれ、逆転を許した。結局これが決勝点となり、京都外大西高は2対4で敗れた。

「やっぱりこの試合が高校時代の一番悔しい思い出となって残っています。ただ、1つの目標をチーム全員で追いかけて本気で練習に取り組んだ毎日を過ごした、ということが一番大切だった気がします。甲子園に出られるのは、その地区でたった1チーム。どこのチームだって本気で練習して本気で甲子園を目指しているわけですから、甲子園に行けなかったことは仕方のないこと。それよりもチームスポーツの素晴らしさ、大切なことを学べたなと。最後の夏は特にそう思いましたね」

卒業後に知った恩師の愛情

高校入学時の大野について「手足が長くてひょろっとした選手」という印象を受けたという上羽監督。ピッチングについては「それほど球速が出るピッチャーでもなかったですから、おそらく〝一番良いピッチャー〟というわけではなく、大勢いる中の1人という認識だったと思います」と語る。ただ一つだけ、ほかの選手よりも秀でていたものがあった。

「とにかく馬力はすごかったですね。どんなに厳しい練習でも、へこたれないんですよ。そういう強さを感じたというのは、すごく記憶に残っていますね」

そして、こう続けた。

「練習ではホンマにいっぱい走るし、いっぱいボールを放っていました。ほんで、いっぱい遊びにも行くのが大野でした。練習後も〝オマエ、なんでそんなにスタミナあるんや〟っていうくらい元気でしたから。もう、あんなのあり得ないですよ。あれだけ練習したら、普通は家に帰ってバタンキューだと思うんですけど、大野は違うんです。そこから遊びに行けるだけの元気があった（笑）」

実は高校時代の大野は「どうすれば練習で手を抜けるか」を考えていたという。

「練習量がすごかったんです。グラウンドは山の頂上にあって、本来は学校から出ているバスに乗って行くのですが、僕たちは山の麓でバスを降ろされて、そこから3キロほど続く坂道を走って登っていかなければいけませんでした。あとは夏の大会前になると、ただでさえ練習量が半端なくてしんどいのに、僕を含めたピッチャー3人だけは、練習の最後にもう1回ランニングをやらされました。しかもとんでもないタイムを設定され、それを切るまでは終わらへんとか。それだけ〝オマエら3人で甲子園の決勝まで勝ち上がるぞ〟という期待が込められていたんでしょうけどね。でも見ている人たちからも〝あの3人かわいそうやな〟って言われるくらいしんどかった。だから、やっぱり手を抜くというか、そうしないと絶対に続かないので。もちろん一生懸命やって、ちゃんとタイムも切るんですよ。でも、要領よく（笑）」

ただし、実際は要領よくはできなかったという。「なぜか僕はすぐに見つかるタイプだったんです。で、こっぴどく怒られるわけです」。その話を聞いて、当時を思い出したのか、上羽監督は大笑いしながら、こんなエピソードを語ってくれた。
「たとえば〝夏の大会前やから、運動会でクラスの応援団とかは入らないように〟と言うてるのに、アイツはもともとが目立ちたがり屋ですから、平気で応援団に入っちゃうんですよ。それでまた、運動会が終わった後も〝打ち上げとかは行ったらあかんで〟って言うてるにもかかわらず、アイツはちゃんと行くんです。で、それがバレるわけですよ。まあ、だいぶ、ホンマにだいぶ僕に怒られますよね（笑）。でも、そんなんでもアイツは全然めげなかったですね」

そんなふうに高校時代は叱られてばかりだったという上羽監督の愛情の深さを、大野が知ったのは高校卒業後のことだった。大野は上羽監督が勧めた佛教大に進学。結果的にはそこで頭角を現し、4年時には全日本大学選手権で東北福祉大（宮城）を2

安打完封するなど大学NO・1サウスポーとしてプロからも注目された。だが、当初はもっと有名な大学に行きたいと思っていた大野にとって、佛教大は最高の選択とは言えなかった。そんなある日、入学後に上羽監督の真意を耳にしたという。「上羽監督が佛教大を勧めてくれたのは、目の届く場所に行かせて、僕の成長を見守りたい、という気持ちがあったようなんです。それを聞いて〝愛情を注いでもらっているんだな〟と思いました。結果的にも佛教大に行ったからこそ、今の自分があるので、本当に感謝しています」

大野の高校時代について、上羽監督はこんなふうにふと考えることもあるという。

「アイツはもしかしたら、高校時代はほとんどいい思いができなかったかもしれませんね。一度もエースナンバーも背負えませんでしたし。本人からすれば、本当はもっと評価してほしかったと思います」

しかし、大野自身には苦しい練習も、監督に叱られたことも、すべて今の自分の土台をつくってくれた良い思い出でしかない。その証拠に今も母校のことが気になって仕方なく、試合の結果もチェックしている。また、毎年のように母校を訪れ、上羽監督に挨拶に行くことも欠かさない。ときには上羽監督と食事をすることもあり、大野にとってそれは青春時代を思い起こさせてくれる大事な時間だ。

高校野球は3年間で終わるが、家族よりも長い時間を共にした仲間との絆は「3年間で終わるようなものではない」と大野は語る。「今、ホンマに大変な時代になってしまって、僕の高校時代とは全然違う環境になっていると思います。ただ、どんな環境でも目指すところは変わらないはず。そこに向かって全員で一生懸命に努力すれば、もし優勝だったり、甲子園という目標が達成されなくても、得られるものはたくさんあります。それが本当に将来に生きていくし、高校野球という3年間の時間を人生に生かしていってほしいと思います」

そして、こう続けた。

「僕、元高校球児に悪い人間はいないと思っているので」と。

▶京都外大西高時代の主な戦績

2005年秋	京都大会	2回戦	峰山	○	9-0	
		準々決勝	京都両洋	○	11-0	
		準決勝	京都成章	○	5-4	
		決勝	平安	●	3-10	
2006年春	選抜高校野球大会	1回戦	東海大相模	●	1-4	先発　3 ⅔回1失点（自責点1）3奪三振
2006年春	京都大会	1回戦	宮津	○	6-1	
		準々決勝	東山	○	8-0	
		準決勝	京都成章	●	2-4	
2006年夏	選手権京都大会	2回戦	東舞鶴	○	7-2	
		3回戦	園部	○	8-0	
		4回戦	南陽	○	10-0	
		準々決勝	京都すばる	○	5-4	
		準決勝	福知山成美	●	2-4	

甲子園に出場した選手は学年に関係なく、地方大会の戦績から掲載。未出場の選手は最終学年の秋・春・夏の戦績。個人成績は甲子園出場時の成績のみを掲載

PROFILE

おおの・ゆうだい● 1988年9月26日生まれ。京都府出身。183cm83kg。左投左打。京都外大西高では2年春からベンチ入りし、2005年夏に甲子園出場（登板機会なし）。3年春のセンバツでは初戦の東海大相模高戦に先発。敗れはしたが、聖地のマウンドで躍動する姿を見せた。佛教大に進学後、11年ドラフト1位で中日に入団。着実にステップアップし、本格派の大型左腕として球界を代表するエースに成長。20年には沢村賞も獲得した。

僕たちの高校野球
EXTRA INNING

恩師・上羽功晃監督【京都外大西高】から大野雄大へ

「高校野球はゴールではなくあくまでも通過点。アイツがそれを証明してくれている」

▼佛教大を勧めた本当の理由

大野が僕に感謝の気持ちを持ってくれているのは、本当にうれしいなと思います。でも、僕は彼に技術的なことは教えていないんですよ。ただ悪いことをしたら、それに対して叱るとかね。そういう野球以外のところの方が大きかったと思います。それでも連絡をくれるのは、本当にうれしいこと。特に大学時代は同じ京都でしたから、よく連絡をくれて、悩んでいる時には相談に乗ったこともありました。

そういうふうに卒業してからも僕を頼ってくれるというのは、指導者冥利に尽きます。そもそも連絡とか報告って、普通にできそうなことですけど、案外できないものなんです。もちろん大野は、僕だけにしているのではなくて、いろいろな関係者にもしているでしょうから、そういうところがすごく大人になったなと感じます。特に大学に行ってから、すごく変わったなと。高校時代のアイツは単に〝よく叱られていたやんちゃ坊主〟っていう感じでしたから（笑）。

佛教大の進学を勧めたのも、何かあったらすぐに対応できるようにと思っていたからなんです。今の大野には失礼な話ですけどね（笑）。でも、本当に何かあったら大野の話を聞くこともできるだろうからと。もちろんそれだけじゃなくて、大野の性格を考えれば、ガチガチに厳しさを求める大学よりも、伸び伸びと野球がやれる佛教大の雰囲気の方が合うんじゃないかなというのもありました。佛教大で指導してくださった藤原孝仁監督（当時）も、やんちゃな性格を理解してくれた上で、大野を取ってくれましたからね。

おかげで本当に成長しました。大学時代、ウチの学校のブルペンで投げたことがあったのですが、高校時代と

PROFILE
うえば・たかあき● 1970年1月23日生まれ。京都府出身。選手時代は京都西高（現・京都外大西高）―駒大―神戸製鋼でプレー。2005年秋から京都外大西高の監督に就任。06年春、07年夏、10年の夏に甲子園出場を果たした。

は比較にならないほどの強い真っすぐを投げていましたからね。それと4年生になって出場した全日本大学選手権の東北福祉大戦も素晴らしかった。高校時代にウチとライバルだった龍谷大平安高出身の平野（和樹）君がいて、彼を真っすぐで抑えたんです。それを見て「おっ」と思ったんですよ。高校時代は本塁打を量産していた平野君の方が大野よりも名前のある選手でしたから。結局その試合、強豪相手に2安打完封したんです。それを見ていて「これは絶対にプロに行くやろな」と確信しました。ただ、その年（世界大学野球選手権大会の）日本代表から漏れたのは悔しかったです。だからプロに入って日本代表に選ばれているのを見てうれしかったですし、それこそ2021年は東京オリンピックの日本代表にも選ばれましたからね。

▼一生懸命な姿をこれからも

大野を見ていて思うのは、成長のスピードは人それぞれだということ。高校までくらいは早熟な選手が活躍することが多いかもしれません。でも大野自身、高校ではまだまだ体が出来上がっていなくて、線の細い選手でしたけど、彼の場合は大学に入ってから体がグンと伸びました。大野だけじゃなく、意外と高校時代はレギュラーになれなかった選手が、社会人まで続けている選手もいますからね。だから高校で結果が出なくても、決して野球を嫌いにならないでほしいなと思います。本当にいつ成長するかは分からないので。高校野球はゴールではなく、あくまでも通過点。大野はそれを証明してくれている存在だと思います。だからこそ、大野が今プロで活躍していることって、すごく大きな意味があると思うんです。

大野は1人で育ててくれた母親を楽にさせたい、という思いもあったでしょうから、高校時代からプロへの気持ちは強くあったと思います。そういう部分でも情が厚い男なので、みんなにかわいがってもらえているのだと思います。それこそ昨年、取得した国内FA権を行使せずに、中日に残留しましたけど、僕なんかは一番カッコいい選択をしたんじゃないかなって。大野らしいなって、思いましたね。今も大野は、京都外大西高の選手たちのあこがれであり、誇り。自分たちと同じ場所で練習していた彼が沢村賞に輝いたり、日本代表に選ばれたりしているというのは、選手たちの励みになっています。これからもチームの勝利のために一生懸命に左腕を振っている姿を見せてもらいたいなと思います。

僕たちの高校野球

青春ストーリー 4

浅村栄斗

［大阪桐蔭高―埼玉西武ライオンズ―東北楽天ゴールデンイーグルス］

野球部一の問題児が本気になった日

日本を代表するスラッガー・浅村栄斗。プロ5年目の2013年には当時プロ野球最年少タイの23歳で100打点に到達。17年には平成生まれでは初めて通算1000安打を達成した。18年には当時所属していた西武では日本人で初めて「3割30本塁打100打点」を記録。20年には初の本塁打王にも輝いた。そして21年6月10日には平成生まれでは史上初の1500安打を達成。16年からは5年連続で全試合に出場しており、21年シーズンも好調の楽天打線をけん引している。

そんな浅村は中学まではほぼ無名の選手だった。彼の名が広く全国に知れ渡ったのは高校3年の時。全国制覇を成し遂げた08年夏の甲子園だった。「オマエの人生を変える舞台になる」。大阪桐蔭・西谷浩一監督の言葉に気持ちのスイッチが入ったという浅村は全6試合にスタメン出場し、打率・552と大活躍。プロへの道を自らの力で切り拓いた。しかし、その栄光に至るまでの道程は決して平坦ではなかった。何度も野球部を辞めようとしたという浅村。彼を引き留めたものとは何だったのか──。

初の練習参加日に大目玉

大阪府大阪市出身の浅村にとって、電車で1時間足らずで行くことができる甲子園球場は幼少時代から身近な存在だった。実際に子どものころには何度か甲子園に観戦に行ったこともあった。その甲子園と同じくらいに少年の浅村にとって身近だったのが、大阪桐蔭高野球部だった。「7歳上の兄が大阪桐蔭高の野球部にいたので、小さいころから桐蔭の練習を見にいっていたんです。ただその時は特に〝自分も桐蔭に入りたい〟とは思っていませんでした」。

浅村が大阪桐蔭高への進学を考えるようになったのは、中学3年の時。どこで甲子園を目指そうかと考えた時に一番最初に頭に浮かんだのが昔からなじみのあった兄の母校だった。

一方、西谷監督は中学時代までの浅村については、語れるほどの記憶はないという。「(浅村)展弘の弟が練習を見に来ていたというのは、なんとなく覚えています。ただ中学までは目立った選手ではありませんでした。彼のお父さんから〝息子を見てもらえませんか〟という連絡をもらわなければ、おそらく知ることはなかったと思います。私が見に行った試合で二塁打を打ったのですが、それでもやはり特別にすごい選手という印象は正直、あの時はなかったですね」

それでも浅村を取ったのには、こんな理由があった。

「お兄ちゃんの展弘は、中村剛也（西武）や岩田稔（阪神）と同じ代の選手だったのですが、残念ながら一度もベンチには入れませんでした。ただ、人間的には本当にいい選手で、マジメで練習熱心だったんです。そんな彼の弟なら、きっと一生懸命やるんじゃないかと思って、それで浅村を取ることにしたんです」

ところが、浅村はそんな西谷監督の期待をいきなり裏切ってしまう。それは、まだ入学前の春休みのこと。初めての練習参加の日、浅村はさぼるという大胆な行動に出たのだ。

「いやぁ、当時の僕はまだまだ子どもすぎていて『まだ練習参加やし、別にたいしたことないやろ』って思って行かなかったんですよ。そうしたら監督から家に電話がかかってきて、行っていないのがバレちゃったんです。それで親から『今すぐに行け』

と言われて、しぶしぶ遅れていきました。もちろん監督には叱られましたよ。高校3年間で監督には叱られた記憶しかありませんが、入学前からですからね。そうやって僕の高校野球がスタートしたんです（笑）」

自分もあの舞台に立ちたい

浅村が初めて選手として甲子園を訪れたのは、2年春の全国高校野球選抜大会だった。だが、彼の姿はベンチではなく、アルプス席にあった。前年の秋は大阪府大会でベンチ入りを果たし、試合にも出場していた。ところが、近畿大会以降はメンバーから外れた。その理由を西谷監督はこう明かしてくれた。

「次の年には浅村と、彼の同級生で後に主将となる森川（真雄）とで二遊間を組む感じになるだろうなと考えていたので、大阪府の大会で経験を積ませようと思ってメンバーに入れたんです。でも、やっぱりまだ浅村はプレーが軽いというか、雑というか。

ミスがとても多かったので、近畿大会はベンチ入りの人数が減ることもあって外しました。もう一度土台づくりからやり直してほしいと思ったんです。ひと冬越えて、センバツのメンバー争いにも加わってくるだろうと期待していたのですが……当時の彼はモチベーションが下がると練習を頑張れないところがありました。それで結局、這い上がってこれず、メンバーに入れなかったんです」。

そんな浅村の気持ちを奮い立たせたのは、やはり甲子園で戦うチームメートの姿だった。「アルプス席で応援しながら〝自分もこの舞台で野球がしたい〟と思いました。そのためには必死に練習しなければいけない。ここからまた新しいスタートを切るんだ、という気持ちで甲子園を後にしました」

とはいえ、レギュラーの座をつかむのは難しいように思えた。同じショートのポジションには3年生で主将の丸山貴司がいたからだ。センバツ後もなかなか這い上がってこない浅村の姿に、西谷監督はじっくりと話をする機会をつくった。

「一つ上の学年には左打者が多かったんです。なので右打者が欲しいなと思っていて、

2008年夏の甲子園では「一番・遊撃手」として攻守に渡る活躍で大阪桐蔭高の全国制覇の原動力となった

だったら浅村だなと期待していました。入学して以降、体も大きくなり、だいぶ力をつけていて、持っているものは高いなということは感じていました。ところが、なかなかやる気のスイッチが入らない選手なので、センバツ後も伸び悩んでいました。もちろん練習はしていましたけど、本気でやっていなかったんだと思います。それで一度話をしなければと思って『オマエ、このままでいいのか？　どんなつもりでやっているんだ？』と聞いたんです。そうしたら『同じポジションにはキャプテンの丸山さんがいるから、僕が頑張ったってどうせ試合には出られませんから』と。〝あぁ、なるほどそういうマインドでやっていたのか〟と。それで『キャプテンだからって必ずレギュラーというわけではないぞ。だったら明日からの練習試合、オマエをスタメンで使うから力を出してみろ』と言いました。そうしたら『分かりました』と。ただ相手は右のいいピッチャーだと聞いていたので、正直一生懸命練習していない今の浅村には打てないだろうな、とは思っていました。案の定、3試合ともにまったく打てなかったんです」

そこで、西谷監督は浅村にある提案をした。セカンドへの転向だった。「オマエ、セカンドでレギュラーを目指してみるか？　と言ったら、俄然やる気になったみたいで、目の色を変えて練習に励むようになりました」。

ポジション転向をきっかけに、浅村は著しい成長を見せた。その年の夏、背番号こそ14だったが、西谷監督も「実質レギュラーの1人だった」と語るほど戦力として台頭。二塁手として出場した大阪府大会は打率7割という驚異的な数字を残した。

大阪桐蔭高は厳しい試合を勝ち上がり、決勝に進出。初の夏の甲子園出場を狙う金光大阪高と対戦した。すると、好投手・植松優友の前に苦戦を強いられ、最終回に追い上げるも3対4で敗れた。試合後、選手たちの目からは涙がとめどなくこぼれ落ちた。「大会全体として自分自身は調子が良かったけれど、やっぱり決勝で負けたことの方が大きかったです。自分としても初めての甲子園に出られる絶好のチャンスだと思っていただけに、あと一歩……わずか1点差で負けてしまったのは本当に悔しかったですね」。

浅村の甲子園デビューは、またもお預けとなった。

忘れられない3年夏の府大会

浅村の一つ上の学年は〝平成の怪物〟と呼ばれた中田翔（日本ハム）や岡田雅利（西武）をはじめ、逸材がそろっていた。当然のように大阪桐蔭高はその夏の大本命として全国から注目されていた。そんなタレントぞろいだった先輩たちの代でさえも手にすることができなかった夏の甲子園への切符。浅村はそれを得ることがどれほど難しいかを目の当たりにし、大きな衝撃を受けていた。そして3年生が抜けた後、浅村たちの代にはプレッシャーが重くのしかかった。

「一つ上の代は本当にすごいメンバーばかりで、常に注目されていました。その先輩たちが全員抜けて、いざ自分たちの代になった時に弱くなったと言われないように勝たなければいけない、というプレッシャーがみんなにあったと思います。それが一番キツかったですね」

周囲からは先輩たちと比較されることも少なくなく「歴代で最も弱い」と評されることもあった。

その年の秋、早速試練が訪れた。府大会準々決勝のPL学園高戦、エースの福島由登が序盤で相手打線につかまり、3回でまさかの6失点。一方の打線も沈黙が続き、結局0対9で7回コールド負けを喫した。大阪桐蔭高ナインは最後の夏への重圧を感じていた。しかし、同時にこの敗戦が「弱いと言われたままで終わりたくない」という闘志に火をつけた。選手たちは、さらに厳しい練習に励んだ。その甲斐あって、翌年の春の府大会3回戦でPL学園高を撃破。5点差からの劇的な逆転勝利で、秋の雪辱を果たした。

迎えた3年夏。〝歴代で最も弱い〟とも評されていた大阪桐蔭高はPL学園高、履正社高とともに優勝候補に挙げられるまでになっていた。しかしこの年、全国高校野球選手権大会は90回を迎え、記念大会だったため、大阪からは2校に出場権が与えられることになっていた。そのため、大阪桐蔭高にとってライバルは同じ北大阪に割り当てられた履正社高に絞られていた。

1回戦から3試合連続でコールド勝ちと圧倒的な力を見せつけ、順当に勝ち進んだ。

▲強打の内野手として甲子園でも躍動。プロスカウトの熱視線を集めた

▲右から3番目が浅村。さまざまな経験を積んで高校3年間で大きく成長した

しかし、箕面東高との準決勝は苦戦を強いられた。手に汗握る投手戦となり、1対1のまま互いに追加点を奪えず、3回以降はゼロ行進が続いた。ようやく均衡が破れたのは延長10回裏。奥村翔馬に一発が出てサヨナラ勝ち。大阪桐蔭高は決勝に進出した。

決勝の相手は、やはり履正社高だった。ライバルは準決勝までの6試合で58得点と打線が好調だった。しかし、エースの福島が強打者たちを翻ろうし、散発6安打でシャットアウトした。一方、打線は苦戦したものの、それでも少ないチャンスに2点を奪ってエースを援護。大阪桐蔭高は2対0で履正社高を破り、夏は2年ぶり5回目となる甲子園への切符を勝ち取った。

勝利の瞬間、浅村はそれまでの重圧からようやく解放されたような気がしたという。それが、大舞台での快進撃につながったと振り返る。

「高校3年間で何が一番キツかったかと問われたら、僕は3年夏の府大会。そこで勝って、甲子園に出場できるとなった時に、たぶんみんなもプレッシャーから解放されたような気持ちだったんじゃないかな。だから甲子園ではもう楽な気持ちでじゃないですけど、自分たちの野球ができたんですよね。それが優勝に大きくつながったんだと思っています」

逆境をはねのけて頂点へ

すでに2年秋から本来のポジションに戻っていた浅村は、甲子園でも不動の「一番・ショート」で全試合にスタメン出場した。雨天の中で始まった1回戦の日田林工高（大分）戦は2回裏の途中で雷が鳴り出し、試合は中断に。大阪桐蔭高はすでに4点をリードしていたが、結局30分後、降雨ノーゲームとなってしまった。しかし、大阪桐蔭高にはたいした影響はなかった。翌日に行われた再試合でも序盤から打線が猛攻撃を見せ、16対2と圧勝。浅村も左右に打ち分け、5安打2打点の大活躍。鮮烈な甲子園デビューを果たした。

浅村が甲子園の記憶として最も強く印象に残っているのが、2回戦の金沢高（石川）戦だ。大阪桐蔭高は序盤に得点を奪い、試合の主導権を握ったかのように思われた。浅村も2回裏に自身甲子園第1号となるソロを放ち、調子の良さをうかがわせていた。

ところが3回以降は追加点を奪えず、リードを広げられずにいた。すると4回表にエースの福島がつかまり4失点。4点目は内外野の間に上空高く上がったフライを、浅村が落球しての失点だった。これで3対5と逆にリードを許してしまった。その後、大阪桐蔭高は5回裏に四番・萩原圭悟にタイムリーが出て、1点差に迫った。投げては5回からリリーフした奥村が力投し、相手打線を封じた。しかし、6、7回は得点圏にランナーを進めながらもあと1本が出ず、追いつくことができなかった。

そのまま1点ビハインドで迎えた8回裏。八番・有山裕太、九番・福島由が倒れ、二死無走者で、浅村にこの試合5回目の打席が回ってきた。浅村は、金沢高の2番手・杉本俊の初球、高めに入ったストレートを迷わずフルスイングした。ライナー性の打球は速度を落とすことなく左翼席に突き刺さった。狙いどおりの同点弾に、浅村は何度もガッツポーズをしながらダイヤモンドを回った。

「この前の打席（6回裏）は、ランナーを得点圏に置いた状況で回ってきたのに、三振をしてしまっていました。チームもなんだかうまくいかずに、ズルズルいっている感じだったんです。この8回で同点に追いついておくのと、1点追う形で9回に入るのとでは気持ち的にも全然違いましたし、二死でランナーもいなかったので、もうこはホームランしかないな、と。だから最初から狙っていたんです。それだけにすごく意味のある1本だったなと思います」

一方、ベンチから見ていて「打った瞬間に行ったと思った」という西谷監督は、こう振り返る。「その試合、フライを落として失点につながるというエラーをして焦りもあったと思います。それだけに8回の打席では〝なんとかしたい〟という気持ちも強かったんじゃないかな。土壇場での同点ホームランはチームにとっても本当に大きかったです」。

そのまま5対5の同点で迎えた10回裏、一死満塁の場面で主将・森川のタイムリーでサヨナラ勝ち。接戦を制した大阪桐蔭高はその後、3回戦で東邦高（愛知）に7対5、準々決勝で報徳学園高（兵庫）に7対4、準決勝で横浜高（神奈川）に9対4と、甲子園常連校を次々と破っていった。そして常葉菊川高（現・常葉大菊川高／静岡）との決勝では打線が爆発。毎回の21安打を放ち、17得点。浅村も5打数3安打と打線をけん引した。エースの福島由も散発5安打シャットアウトの快投を見せ、17対0の完封勝ちで有終の美を飾った。6試合での大会通算57打点は歴代1位、99安打は2000年の智弁和歌山高にあと1本にまでに迫る数字だった。前年の秋、「歴代の中で最も弱い」と評された中でスタートを切ったチームは、見事に逆境をはねのけ、全国の頂点に立った。

西谷監督は、優勝の要因をこう分析する。

「浅村の代はマジメな選手が多い学年で、中田（翔）をはじめ、やんちゃな選手が多かった一つ上の彼らの陰に隠れるような感じだったんです。中田らの代が夏に府大会の決勝で敗れて甲子園に行くことができず、その悪い流れを引き継いでしまったかのように、秋はPL学園高にコールド負けして、チームはボロボロな状態でスタートしました。それで年が明けたときに〝もう一度、甲子園を目指して頑張ろう〟と話をしたんです。それと3年生になった春に、より責任感をもってもらおうと浅村を副キャプテンの1人に加えました。彼にとってもチームにとっても、これが一つ良かったんじゃないかなと。チームの士気を高める方向につながっていったと思います」

そして、チームに自信をもたらしたのが春のＰＬ学園戦での勝利だったという。

「最初は秋と同じように、ＰＬさんに大量リードされていたんです。それで〝ここで負けたら、おそらく夏の甲子園は無理だよ〟と発破をかけました。そうしたら選手たちが奮起してくれまして、大逆転で勝利を収めたんです。この試合で自分たちに自信を持ち始めたんじゃないかなと思います。結局、ＰＬさんに勝った勢いのまま、春は府大会で優勝、近畿大会も準優勝して、夏を迎えることができました。夏の府予選はプレッシャーの中で勝ち抜きましたので、さらに自信をつけて甲子園に臨めたと思います。だから甲子園では選手たちは本当に伸び伸びとプレーしていました。躍動感にあふれていましたが、その象徴が浅村だったと思います」

６試合で29打数16安打２本塁打、打率・５５２。西谷監督も「本当にこれが浅村なのかと思うほど、甲子園での彼はまるで別人。金沢高戦での同点ホームランをはじめ、すごく頼りがいがあった。浅村の活躍なくして優勝はなかった」と語る。

まさに〝大暴れ〟した甲子園での活躍の裏には、実は浅村の気持ちを刺激した西谷監督からのあるひと言があった。当時、高校卒業後の進路をプロ一本に絞っていた浅村だったが、まだ全国の舞台を踏んでいなかったため、その年の秋のドラフトで指名されるかどうかは微妙だった。そこで西谷監督は、甲子園の開幕前にこうゲキを飛ばした。「この甲子園が、オマエにとって人生が変わる舞台になるからな。勝負をかけていけよ！」。

指揮官からの言葉に「スイッチが入った」浅村は、まさに人生を変える活躍を見せた。

助けてくれた仲間たち

前述したように、やんちゃだった中田らの代とは異なり、浅村らの学年はマジメで優等生タイプの選手が多かった。だが、浅村だけはそれに当てはまらなかった。西谷監督が「何度も叱ったし、話し合いもたくさんした」と語れば、浅村自身も「監督には怒られた記憶しかない」と振り返る。

大阪桐蔭高の練習は厳しいことで有名だ。当時の選手によれば、休日は年末年始の1週間を除けば、あとは1年に3日ほど。授業がある日は夕方4時ころから練習が始まり、終わるのは10時過ぎと毎日6時間以上の練習に明け暮れた。特に1年生のころはとにかく走らされた。学校から1キロほど離れたところの山の100段以上ある階段をひたすら走ったり、往復で200メートルのポール間をダッシュで5本続けて走るなどして、基礎体力を身に付けた。加えて選手全員が暮らす寮では、テレビを見ることも、携帯電話を持つことも禁止だった。

そのため、浅村は何度も野球部を辞めたいと思ったという。いや、思うだけではなく、実行に移したこともあった。

「毎日しんどくて〝もうやってらんない!〟と思って、実家に帰ろうと寮を抜け出そうとしたらバレちゃったこともありました(笑)。西谷監督にも〝もう辞めたいです〟って言って、朝の4時とか5時くらいまで話し合いをしたこともありました」

そんな浅村が途中でリタイアすることなく、最後に全国の舞台で大輪の花を咲かせた背景には、チームメートたちの存在が何より大きかった。

「僕はすごく周りの環境に恵まれていたと思います。同級生には〝一緒に頑張って甲子園に行こう〟と言ってくれるメンバーが多かったんです。2年秋にPL学園にコールド負けした時もそうでした。あの後、お正月まで1日も休みがなくて、毎日本当にキツイ練習が続いたんです。チームもあそこで変わったと思いますが、僕にとっても一つの転機でした。PL学園戦の後、辞めたいと思ったのですが、みんなが〝最後、自分らの代で甲子園に行こう〟って言ってくれて。それで僕も気持ちを入れ直して練習に取り組むことができたんです。普通だったら、もうあそこで辞めてもおかしくなかったですし、一生懸命に止めてくれたみんながいたのが大きかった」

そして、叱られてばかりだった西谷監督については、こう話す。

「西谷監督からは、人としてちゃんとやることを学びました。それこそルールの中で自分がやるべきことをやる。自分でも高校3年間で、それまでの自分とはだいぶ変われたなと思います。自分で言うのもなんですけど、全然違う。まあ、あれで変わらなかったらヤバいですけどね（笑）」

さらにこう続けた。「それとバットを強く振るということも、高校時代に培われたことです。そもそも強いスイングをしないと、なかなか試合に出るチャンスをもらえなかったんですよね。でも、その高校時代にやってきたことをプロに入ってもずっと大事にしてきました。それが今につながっているんだと思います」。

浅村にとって高校時代は「野球人生の中で一番辛い時期だった」という。ただ、だからこそ今となっては最も色濃く記憶に残っている思い出の3年間でもある。「一番辛い時間を過ごしたからこそ、やって良かったなと思える。そう考えると高校野球ってすごい力があるなと思うんです。コロナ禍の今、高校生や子どもたちは苦しい思いもたくさん経験していると思います。でも、高校野球はその時だけで終わるものではない。その先にもつながっていると信じて、頑張ってほしいと思います」。

中学時代まではほぼ無名だった浅村が、恩師や仲間に支えられながら最後の夏に開花するまでに至ったサクセス・ストーリーは、子どもたちへのメッセージでもある。

▶大阪桐蔭高時代の主な戦績

2007年秋	大阪大会	2回戦	槻の木	○	18-5	
		3回戦	汎愛	○	11-1	
		4回戦	大阪学芸	○	10-0	
		5回戦	狭山	○	13-1	
		準々決勝	PL学園	●	0-9	
2008年春	大阪大会	2回戦	大教大池田	○	16-0	
		3回戦	PL学園	○	7-6	
		4回戦	近大付	○	10-4	
		5回戦	港	○	10-0	
		準々決勝	東海大仰星	○	4-2	
		準決勝	大商大堺	○	7-5	
		決勝	履正社	○	5-0	
2008年夏	選手権北大阪大会	1回戦	箕面自由	○	12-0	
		2回戦	関西大倉	○	9-0	
		3回戦	豊島	○	10-0	
		4回戦	槻の木	○	6-0	
		準々決勝	大産大付	○	7-1	
		準決勝	箕面東	○	2-1	
		決勝	履正社	○	2-0	
2008年夏	全国選手権大会	1回戦	日田林工	○	16-2	一番·遊撃　6打数5安打0本塁打2打点
		2回戦	金沢	○	6-5	一番·遊撃　5打数3安打2本塁打2打点
		3回戦	東邦	○	7-5	一番·遊撃　4打数1安打0本塁打0打点
		準々決勝	報徳学園	○	7-4	一番·遊撃　4打数1安打0本塁打0打点
		準決勝	横浜	○	9-4	一番·遊撃　5打数3安打0本塁打0打点
		決勝	常葉菊川	○	17-0	一番·遊撃　5打数3安打0本塁打0打点

甲子園に出場した選手は学年に関係なく、地方大会の戦績から掲載。未出場の選手は最終学年の秋・春・夏の戦績。個人成績は甲子園出場時の成績のみを掲載

PROFILE

あさむら・ひでと● 1990年11月12日生まれ。大阪府出身。182cm 90kg。右投右打。大阪桐蔭高では1年秋からベンチ入り。2008年夏の甲子園では「一番・遊撃手」として攻守に渡る活躍で同校の全国制覇に貢献。09年ドラフト3位で西武に入団。2年目に30試合に出場すると、3年目にはレギュラーに定着。13、18年には打点王に輝いた。19年からは楽天に移籍し、20年には本塁打王も獲得した。勝負強い打撃で犬鷲打線をけん引している。

僕たちの高校野球
EXTRA INNING

恩師・西谷浩一監督【大阪桐蔭高】から浅村栄斗へ

「どんなチームにも可能性があるんだなということを教えてくれたのが、浅村の代のチームでした」

▼仲間たちのために

浅村は体格も大きかったですし、高い能力を持った選手でした。攻守ともにチームの中心となる大事な戦力の1人でしたから、彼の力は絶対に必要だったんです。ところが、どうしても気持ちの部分で弱さがあって、なかなか本気になれないというか、気持ちのスイッチが入らない選手でもありました。私もモチベーションを上げることに苦心しましたね（笑）。

3年春に彼を副主将に加えたのも、スイッチを入れたかったからです。新チーム結成後、秋の府大会でPL学園さんに7回コールドと完敗を喫したチームを立て直すためにも、浅村にもっと責任感を持たせたいというのが狙いでした。一番打者でもありましたから、自分がチームの勝敗を担うというくらいに引っ張っていってもらいたいと思ったんです。

浅村と仲が良く、二遊間コンビを組んでいた主将の森川（真雄）に「浅村を副主将にしようと思うんだけど、オマエどう思う？」と相談したことがありました。そうしたら森川が「とてもいいと思います！」と、うれしそうに返事をしたんです。それで私も「よし」と思って決断したのですが、実際にチームがより一つにまとまった感じがしましたね。やっぱり浅村は、あのチームにとってとても大きな存在だったのだと思います。

一方で、浅村も仲間に助けられていた部分は大きかったと思います。野球の能力でいえば正直、中田（翔）ら一つ上の学年の方が高かった。ただ、浅村の学年は非常に仲が良くて仲間思いの選手が多かったので、高校時代はまだまだ子どもだった浅村をみんなが支えてくれました。そういうこともあって、下級生の時は自分のことし

PROFILE
にしたに・こういち● 1969年9月12日生まれ。兵庫県出身。選手時代は報徳学園高—関西大でプレー。卒業後、1993年から大阪桐蔭高野球部のコーチを務め、98年11月に監督就任。2001年に一度コーチに退いた後、02年秋から再び監督として指揮を執っている。

か考えられていなくて、わがままというか、雑なプレーが多かったのですが、特に3年春に副主将になってからは「みんなのために」とか「チームを勝たせる」というような〝フォア・ザ・チーム〟の精神がプレーにも表れていたと思います。それこそ「自分を助けてくれた仲間のためにも」という浅村の気持ちが、あの夏の甲子園での活躍につながり、全国優勝に結びついたのだと思います。

▼子どもの可能性は無限大

私は23歳から始めてもう30年近く指導者をしていますが、実質2年半の間に選手たちは大きく成長していきます。その象徴が浅村の代でした。彼らの甲子園での姿を見て、あらためて「選手はこんなにも成長するのか」と感じました。その年の北大阪の予選では、チームは全然ヒットが出なかったんです。だからスクイズやヒットエンドランなど小技の練習もたくさんしました。ところが、甲子園に出た途端、試合をするたびにみんなバッティングが良くなっていったんです。実際、試合後のインタビューで何度か「自分のチームじゃないみたいです」と言った記憶があるのですが、それくらいチームが一変しました。あらためて「甲子園っていうのは、すごい場所だな。こんなにも選手たちの力を引き出してくれるのか」と思ったものでした。もともと彼らの代は、新チーム結成直後は誰も全国優勝できるようなチームになるとは思っていなかった。そのチームが全国の頂点に立てたんですからね。「どんなチームにも可能性があるんだな」ということを教えてくれたのが、浅村の代のチームでした。

中でも浅村にとって、あの甲子園はまさに自分の野球人生を変えた舞台になったと思います。甲子園に出場していなければ、もしかしたら高卒でプロには行けなかったかもしれません。あきらめずに一生懸命コツコツやれば、可能性は開かれるということを証明してくれたと思います。

いつどこでうまくなるかは人それぞれ。それこそ、浅村は中学までは決して目立った選手ではありませんでした。その浅村がプロ野球の第一線で活躍してくれている姿を見ると、子どもたちの可能性というのは無限大なんだなと心から思います。

今、プロ野球では大阪桐蔭高のOBがたくさん活躍してくれていますが、浅村も後輩たちにとって尊敬できるあこがれの先輩の1人。これからも1日でも長く活躍する姿を見せて、もっともっと全国の子どもたちに夢を与える選手であり続けてほしいですね。

僕たちの高校野球

青春ストーリー5

山﨑康晃

［帝京高―亜細亜大―横浜DeNAベイスターズ］

高校野球が僕に教えてくれたもの

「背番号1」。エースの証でもあるこの数字をようやく手にしたのは、高校最後の夏のことだった――。DeNAの守護神・山﨑康晃にとって高校時代は「9割が悔しいことばかり」だった。しかし、「その3年間がなければ今の自分はいない」と語る。

山﨑のプロ入り後の活躍は目を見張るほどだ。ルーキーイヤーの2015年には防御率1・92で新人最多記録となる37セーブをマークし、新人王を獲得。17年には19年ぶりの日本シリーズ出場に大きく貢献した。そして18年には最多セーブ投手のタイトルを獲得。19年にはプロ野球史上最年少の26歳9カ月で通算150セーブを達成し、その年の11月に行われた第2回WBSCプレミア12では胴上げ投手となり、優勝の立役者となった。オールスターゲームには15年から19年まで5年連続でセ・リーグ抑え投手部門のファン投票1位で出場するなど、人気も高い。2021年の夏、東京オリンピックの日本代表にも抜擢されるなど、日本球界を代表する投手となった山﨑。この躍進の原点ともなっている高校時代、何度も野球部を辞めようとした彼を支えたのは、周囲からの温かい愛情だった。

いつも支え続けてくれた母

「野球部を辞めたい」

山﨑が初めてこの言葉を口にしたのは、高校に入学してすぐの4月半ばころのことだった。その時のことを、前田三夫監督はこう振り返る。

「当時の彼は、勉強が嫌いというよりも不得意だったのだと思います。宿題がたまってしまって、どうしようもなくなって、パンクしちゃったんでしょうね。それで練習に出ずに学校から逃げ出すようにして家に帰っちゃったんです。でも、お母さんがすぐに私に電話をかけてきて『私は辞めることを許しませんし、辞めてほしくないと思っています。ですから、どうかこれからも指導してください。今からすぐに連れていきますので』と。そして、すぐにタクシーで山﨑を連れてきてくれました」

校門で待っていた前田監督の前で、母親は涙を流しながら息子にこう言った。「あなたが頑張れば、私も頑張れるんだから」。その言葉に山崎は気持ちを入れ直し、そしてグラウンドへと向かっていった。しかし、再び山崎の気持ちが爆発したのは、2年の冬のことだった。

「お母さん、僕、もう野球部を辞めて、学校も辞める！」。厳しい練習の上に、山積みの課題をしなければならない毎日に、どうしても耐え切れなくなったのだ。そんな山崎を踏みとどまらせたのは、やはり母親だった。

「最初は自分が『辞める』の一点張りだったのですが、お母さんに『なんとかもう一度、頑張ってみなさい』と説得されていくうちに、自分も『この帝京野球部で頑張っていきたい』と、気持ちが軌道修正されていったんです」

母親に半ば強制的にタクシーに乗せられて、山崎は一人で学校に戻った。すると、校門の前には前田監督と部員全員が待ってくれていた。その時に恩師から言われた言葉は、今も山崎の心の奥に深く刻まれている。「山崎、母ちゃんを泣かすな。幸せにしてあげなさい」。深く頷きながら「はい」と返事をして、山崎は仲間とともに野球部のグラウンドへと駆けていった。その姿を前田監督は、温かいまなざしで見つめていた。

39球で終わった甲子園

中学時代の山﨑にとって、高校野球をする場所は帝京高以外にはまったく考えられなかった。当時は甲子園に出場することよりも、名門の帝京高の野球部に入ることの方が大きかったほどだ。進路志望も、帝京高一本に絞っていたというから、相当に強いあこがれがあったのだろう。

一方、前田監督は中学時代の山﨑をまったく知らなかった。

「森本稀哲のお母さんから電話がかかってきまして『山﨑というピッチャーの子が帝京に入りたがっているんです』という連絡を受けたんです。そこで初めて、山﨑の名を耳にしたわけですが、後から聞くと中学時代から結構評判の高い選手だったようですね。私は入学してから見たわけですが、実際に運動能力は高いものを持っていまし

前田三夫監督の下で成長していった高校時代の山﨑。2度の甲子園出場も果たした

たよ。特に足が速くて、脚力が秀でていました。その一方で、バッティングをさせたところ、体に力がなかった。だからピッチングでも、ボールは速くても、軽くて、すぐに遠くへ持っていかれてしまっていました」

冬のトレーニングでは重いタイヤを引いて走る〝タイヤ引き〟というメニューがある。しかし、体が細く、なかなか思うように体重が増えなかった山﨑は人一倍苦労をしていた。

「主に冬の期間、だいたい1カ月から2カ月の間、ずっとタイヤを引きずって体を鍛えるのですが、僕にとってはすごく憂鬱な期間でした。ただ、毎年春を迎えると、体がひと回り大きくなっていき、精神的にも強くなれたという実感があったので、必要な練習であったことは間違いなかったです」

2年春からベンチ入りした山﨑は、その年の夏の東東京大会で登板。前田監督からすれば「ボールに勢いはあったが、軽さがあったので、先発は考えにくかった」と山﨑は、主にリリーフが多かった。それでも5回戦の修徳高戦では、7回を3安打完封と好投を披露。投打がかみ合った帝京高は、7対0で7回コールド勝ちを収めた。その年の夏の帝京高には他を寄せ付けない圧倒的な強さがあった。準々決勝では駒場学園高を6対1、準決勝では二松学舎大付高を5対0、そして決勝では雪谷高を24対1で下し、夏は2年ぶり11回目の甲子園出場を決めた。

山﨑はエースではなかったものの、それでも自分自身も登板をした中で、勝利を積み重ね、チームが甲子園への切符をつかんだことが何よりうれしかった。

2009年8月8日、第91回全国高校野球選手権が開幕した。山﨑が最も印象に残っているのは、公式練習で初めてマウンドに立った時のことだ。

「スタンドにお客さんは誰もいなくて、球場の中は一つひとつの音がものすごく響き渡る状態でした。その中で投げさせてもらったのですが、小さいころからずっと『いつか絶対に甲子園のマウンドで投げるんだ』と思っていたので『ああ、あこがれの甲子園に立っているんだな』と感慨深かったです」

しかし、試合ではそのマウンドには、なかなか立つことができなかった。帝京高は初戦となった2回戦で敦賀気比高（福井）を5対1、3回戦では九州国際大付高（福岡）を4対3で破ったが、山﨑は2試合連続でベンチを温め続けた。ようやく出番が回ってきたのは、準々決勝の県岐阜商高戦。帝京の先発・平原庸多、2番手で〝スーパー1年生〟と注目された伊藤拓郎が序盤で失点を許し、3回を終えた時点で1対6と大量リードを奪われていた。そんな中、山﨑は4回から3番手としてマウンドに上がった。「なんだかふわふわした状態だった」と本人は言うが、それでも3回を無失点に抑える好投を見せ、上々の甲子園デビューとなった。結局チームは3対6で敗れ、山﨑の甲子園はわずか39球で終わった。

最後の夏に託された「背番号1」

3年生が引退し、新チームが結成された後も、山﨑にはエースナンバーは与えられなかった。同学年には鈴木昇太、そして1つ下の後輩には伊藤という強大なライバルがいる中で、控えというポジションから抜け出せずにいた。中でも伊藤の存在は、山﨑にとっては大きかった。

「伊藤が入ってきた時には衝撃を受けました。彼ほど〝コイツ、すげぇな〟と思った選手はいなかったですね。体格も大きいし、球のスピードもあって〝かなわないかも〟と一瞬思ってしまったほどでした。僕が帝京高に入って1年間貯金したものが、すぐに抜かれてしまった感じだったんです」

その年の秋、帝京高は決勝で東海大菅生高を13対1で破るなど、圧倒的な力で東京都大会を制し、2季連続での甲子園出場を決めた。

山﨑にとって2度目の甲子園は、伊藤の独壇場となった。1回戦の神戸国際大付高(兵庫)、2回戦の三重高と、伊藤はいずれも2失点完投。全国の野球ファンにその名を轟かせるには十分の活躍だった。一方、山﨑は後輩の活躍をベンチで見ることしかできずにいた。

迎えた準々決勝、相手はその大会の覇者となる興南高（沖縄）だった。帝京高は興南高の左腕エース・島袋洋奨が〝トルネード投法〟から繰り出す球を攻略できず、スコアボードはゼロ行進が続いた。一方、伊藤の3連投を避け、先発に上がったエースナンバーの鈴木は3回に先取点を奪われると、6回にはスクイズで1点を失った。さらに7回は二死から連打を浴び、2失点。二死一塁の場面でマウンドに上がったのは、背番号10の山﨑だった。

興南高のアルプススタンドが異様なほどの盛り上がりを見せ、押せ押せムードの中、山﨑は一塁走者に二盗を決められてしまった。その走者を三番打者にセカンド後方に落ちるテキサスヒットでかえし、5点目を奪われた。しかし、次打者を変化球で空振り三振に仕留め、追加点を許さなかった。さらに8回は、セカンドゴロ、セカンドフライと簡単に二死を取ると、最後は鋭いキレの変化球に打者は手を出すことができず、見逃し三振。興南にとってはこの試合初めての三者凡退に仕留めた。9回も山﨑のピッチングは冴えた。まずは八番・島袋から空振り三振を奪ってみせる。次打者をサードゴロに打ち取り、二死に。四球とヒットで一、三塁とピンチを招いたが、最後は好打者の三番・我如古盛次をセンターフライに打ち取った。結局、打線からの援護はなく、0対5で敗れたものの、前田監督にとっても、この試合の山﨑のピッチングは強く記憶に残るものとなった。

「当時の山﨑はまだボールがどうしても軽くて、気持ちの面でも弱いところがありました。だから先発ではちょっと難しかったんです。一方で勝っているにしろ、負けているにしろ、とにかくすでに試合が決まっていて気楽に投げられる場面での山﨑は、ものすごくいい球を放った。その象徴だったのが、興南高戦でした。すでに0対5という状態だったわけですが、あの時は素晴らしいピッチングを見せてくれました。観客も彼のボールのキレに、どよめいていましたからね。〝背番号10で2番手なのに、こんなにすごいピッチャーがいるんだ〞と驚いていたんじゃないかと思いますよ。私自身も〝ああ、やっぱりこれだけのボールを投げるピッチャーなんだな〞と改めて彼の潜在能力の高さを確信しました」

▲仲間とともに駆け抜けた青春の日々。高校野球から多くのことを学んだ

前年の夏に続けてベスト8で終わった帝京高は帰京し、夏に向けて再びスタートを切った。ところが、春の都大会は初戦敗退を喫した。この時、山﨑ら3年生は前田監督からある指摘を受けていた。

「3年生の素行が悪いと言われて、取り組み方を変えるためにグラウンドの整備や道具の準備など、それまで下級生がやっていたことを3年生がやることになったんです。一時は練習も1、2年生中心になったこともありました。でも、その後に改めて新しいチームとしてスタートを切ろうということになって、最後は3年生中心の練習に切り替わったんです」

そんな中で迎えた夏、背番号1を託されたのは、伊藤でも鈴木でもなく、山﨑だった。大抜擢の理由について、前田監督はこう語る。

「ピッチャーをやっているからには、誰だって背番号1を目指しているわけです。そのために、山﨑が努力していた姿を見ていました。特に3年生になってからは顔つきが変わりましたね。〝最後は絶対に背番号1を背負いたい〟という思いもあったでしょうし、母子家庭ということもあって〝プロ野球選手になって、自分がお母さんを支えてあげたい〟という思いも強かったでしょうからね。そんな彼に、春に初戦で負けた後生まれ変わった3年生の象徴として、背番号1を託そうと思いました」

心を育み、鍛える場所

山﨑はその夏、5試合中3試合に先発し、精いっぱい右腕を振り続けた。しかし、チームは5回戦で敗退。最後の夏は甲子園には届かず、結局一度もエースナンバーで全国の舞台に上がることはできなかった。それでも、山﨑には大きな自信が生まれていた。
「地区大会で負けてしまいましたが、それでも名門・帝京高の熾烈な争いの中で、最後に背番号1を付けられたことは、自分にとって自信となりました。その後にも大きくつながったと思います」

帝京高のエースナンバーを背負ったということを自信に、山﨑は卒業後の進路をプロに絞った。前田監督も、そんな山﨑の気持ちを尊重し、プロ志望届を提出。「なんとか引っかかってくれればいいが……」と祈るような気持ちでいた。しかし、現実はそう甘くはなかった。目立った活躍ができなかった山﨑を指名する球団は最後まで現れなかった。しかし、山﨑を欲しているところがあった。亜細亜大だった。実は、前田監督の元には早くから連絡があったのだという。

「社会人に行くことも考えられたのですが、まだ体が出来上がっていなかったですし、気持ちの面でも弱いところがありましたので、できたら大学に行った方が伸びるんじゃないかなと思っていました。そうしたところ、亜細亜大学さんの方から話があったんです。ただ、本人はプロを志望していましたし、志望届も出していた。そのことを伝えると『待ちます』と言ってくれました」

結果的に指名がなかったことで、前田監督は山﨑に亜細亜大への進学を勧めた。もちろん、山﨑に迷いはなかった。「また、プロを目指すことができる!」。前日のドラフトの夜、涙があふれていた山﨑の目には希望の光が輝いていた。

それから4年後――。14年10月23日、2度目のドラフト会議の日を迎えた。4年前、いくら待っても訪れなかった〝その時〟は早々に来た。

「山﨑康晃、投手、亜細亜大学」

DeNAに1巡目で指名を受けた山﨑は、広島に2巡目で指名された同級生の薮田和樹とともに、部員たちから胴上げをされ、満面の笑顔でガッツポーズをした。そして、記者から1年目の目標を訊かれると、こう答えた。「入るからには、山﨑いいなと思われるように新人王を獲りたいです」。

翌年、見事に有言実行した山﨑。防御率1・92、新人最多記録となる37セーブを挙げて、新人王に輝いた。その後の活躍は周知の通りだ。21年は東京オリンピックの日本代表にも選出され、まさに日本を代表する投手となった。そんな山﨑にとって「高校野球」とはどんな時間だったのか。

「自分にとって高校野球は、心を鍛える場所だったと思います。帝京では厳しい競争の中で、ほかの投手から実力を見せつけられ、何度も鼻をへし折られましたから。それでも、たとえ結果が出なくても一生懸命に最後までやり遂げることの大切さを教えてもらいました。それはプロになった今も大事にしています。それと〝名門の帝京でやってきたんだ〟という誇りがあったからこそ、ここまで頑張ってこれました」

甲子園の時期には、球団のロッカールームのテレビでは高校野球の試合が流れ、山﨑が目を留めることもしばしばだ。そして思うのだ。1球1球、後悔なく、仲間と戦える喜びを感じて頑張ってほしい——。長い人生の中で実質2年半という時間はあまりにも短い。しかし、そこには将来につながる成長のチャンスが凝縮されている。山﨑はそれを体現した1人でもある。

▶帝京高時代の主な戦績

2009年夏	選手権東東京大会	3回戦	墨田工	○	11-4	
		4回戦	日大一	○	10-0	
		5回戦	修徳	○	7-0	
		準々決勝	駒場学園	○	6-1	
		準決勝	二松学舎大付	○	5-0	
		決勝	雪谷	○	24-1	
2009年夏	全国選手権大会	2回戦	敦賀気比	○	5-1	登板なし
		3回戦	九州国際大付	○	4-3	登板なし
		準々決勝	県岐阜商	●	3-6	リリーフ 3回0失点（自責点0）1奪三振
2009年秋	東京大会	1回戦	江戸川	○	6-2	
		2回戦	足立西	○	7-0	
		3回戦	二松学舎大付	○	9-2	
		準々決勝	成立学園	○	11-1	
		準決勝	日大三	○	5-4	
		決勝	東海大菅生	○	13-1	
2010年春	選抜高校野球大会	1回戦	神戸国際大付	○	3-2	登板なし
		2回戦	三重	○	3-2	登板なし
		準々決勝	興南	●	0-5	リリーフ 2 ⅓回0失点（自責点0）3奪三振
2010年春	東京大会	3回戦	国学院久我山	●	2-5	
2010年夏	選手権東東京大会	1回戦	攻玉社	○	10-0	
		2回戦	六郷工科	○	9-0	
		3回戦	墨田工	○	8-0	
		4回戦	日大桜丘	○	7-0	
		5回戦	国士舘	●	6-14	

甲子園に出場した選手は学年に関係なく、地方大会の戦績から掲載。未出場の選手は最終学年の秋・春・夏の戦績。個人成績は甲子園出場時の成績のみを掲載

PROFILE

やまさき・やすあき● 1992年10月2日生まれ。東京都出身。179cm88kg。右投右打。帝京高では2年時の2009年夏、3年時の10年センバツと2度の甲子園に出場。いずれも準々決勝まで勝ち進んだ。亜大に進学後、15年ドラフト1位で横浜DeNAベイスターズに入団。1年目からクローザーを任され、新人のシーズン記録となる37セーブをマークして新人王にも輝いた。

僕たちの高校野球
EXTRA INNING

恩師・前田三夫監督［帝京高］から山﨑康晃へ

「母子家庭ということもあって、大変なことも多かったと思います。だから余計にほかの選手よりも気になっていました」

▼努力することの尊さ

とにかく高校時代の山﨑には徹底的に体を鍛えさせることが中心でした。ですから、ずいぶんと彼にはトレーニングを積ませましたね。先輩の中村晃（ソフトバンク）らも通わせたのですが、高校時代の松坂大輔選手（西武）や斎藤佑樹選手（日本ハム）も指導したことのあるトレーナーのところに通わせて、体を大きくしてもらったりしたんです。おかげで体はだいぶ鍛えられましたが、食事の面で環境的にも難しいところがあり、思ったほどに体重は増えませんでした。なので、ボールの軽さという点においてはなかなか解消というところまでは至らなかったというのが正直なところです。ただ、ボールのキレは日を追うごとに良くなりました。

山﨑はもちろん高校時代も成長しましたが、一番大きかったのは大学に行ってからです。高校卒業後、しばらくは私のところに山﨑からの連絡はありませんでした。久しぶりに会ったのは、3年生の時。私が神宮大会を見に行った際に試合後、球場の外まで私を追いかけてきてくれたんです。見たら体がずいぶんと大きくなっていて驚きました。それと話し方も高校時代とはまったく変わっていましたね。「オマエ、ずいぶんとしっかりしてきたな。やっぱり大学に行って良かったな」。そんな風に声をかけた覚えがありますが、それからはちょくちょく電話やメールで連絡が来るようになりました。

4年生になってからちょっと私の方も彼に話したいことがあったので、「一度とにかくグラウンドに来いよ」と言ったことがあったんです。ところが、その時「すみません、今、忙しくて行けないんです」と言うんですね。それで

PROFILE　まえだ・みつお● 1949年6月6日生まれ。千葉県出身。選手時代は木更津中央高—帝京大でプレー。指導者としては大学卒業後の1972年から帝京高野球部監督に就任。78年春のセンバツで初の甲子園出場を果たす。以降もその手腕でチームを何度も甲子園に導き、全国優勝3度の名門に押し上げた。

理由を訊いたら、びっくりしました。高校時代、あんなに勉強が苦手だった山﨑が教職を取っているというんですから。いやあ、えらいなと思いましたよ。と同時に「なるほど」と思いました。「大学に入ってしばらく連絡がなかったのは、きっと野球だけじゃなくて、学業の方でも必死だったんだろうな……」と。これはもう、亜細亜大学の素晴らしい指導のおかげだったと思いますし、本人も相当な努力をしたのでしょう。とにかく山﨑がそういう気持ちになってくれたということが本当にうれしかったです。

高校時代から山﨑には高い潜在能力があると思っていました。だから大学でしっかり頑張れば、きっとプロにも行けるだろうと。ただ、母子家庭ということもあって、当時はきっと大変なこともあったと思います。そういう部分ではすごく心配でした。だから余計にほかの選手よりも、山﨑のことが気になっていました。よく「ちゃんと食事をしているか?」なんて家に電話をかけたりしたこともありました。生活面とか人間的な部分のことは野球のこと以上に口を酸っぱくして言ってきたつもりです。そのことを彼がプロになった今も覚えてくれているというのを聞いて、高校野球の指導者としてはこんなにうれしいことはないですよね。しっかりと山﨑に伝わっていたんだなと。

▼感謝の気持ちを忘れずに

私は2021年で72歳。22歳から続けている高校野球の指導歴は、ちょうど半世紀になりましたが、どんなに時代が変わっても高校野球は老若男女、幅広い人たちから応援されてきましたし、今もそれは変わりません。つまり日本中の人たちに愛され、支えられているのが高校野球だということ。そうした応援があるからこそ、選手たちも毎日ひたむきに白球を追い続け、甲子園という夢の舞台を目指せる。同時に球児たちの姿に明日への元気をもらえるからこそ、ずっと応援したいという気持ちにもなっていただけるのだと思います。だからこそ選手たちには試合でやってきたことを出すことも大事ですが、お父さんやお母さん、家族をはじめ、支えてきてくれた方々への感謝の気持ちをいつも忘れずにプレーしていってほしいです。

そして2021年には東京オリンピックの野球日本代表選手にも選ばれた山﨑には、これからもみんなの期待に応えられるよう、精いっぱい頑張っていってもらいたいと思います。

僕たちの高校野球

青春ストーリー 6

髙橋光成

［前橋育英高─埼玉西武ライオンズ］

純朴な野球少年が巻き起こした真夏の快進撃

２０１３年8月22日、14年ぶりに群馬県に深紅の優勝旗をもたらしたのは、前橋育英高だ。夏の甲子園初出場にして全国制覇という偉業に、甲子園はまるで嵐のような大歓声が鳴り響いていた。マウンド付近では選手たちが人差し指を突き出した手を天にかかげながら、抱き合って喜んでいる。その輪の中心には優勝の立役者、2年生エースの髙橋光成がいた。

髙橋は翌14年のプロ野球ドラフト会議で埼玉西武ライオンズから1位指名を受け、1年目から5勝（2敗）を挙げる活躍を見せた。その後、ケガで苦しんだシーズンもあったが、20年からは先発ローテーションに定着し、ついに21年は開幕投手に抜擢されるなど、今や西武の若きエースとしてチームをけん引している。そんな彼のピッチャーとしての原型がつくられたのが、荒井直樹監督の下で過ごした高校時代だった。

胸に響いた監督からの言葉

「開幕投手に抜擢されるほど立派なプロ野球選手になりましたけど、今もマウンド以外では純粋無垢で素朴な少年のままですよ」

高橋について荒井監督はそう言うとクスクスと笑いながら、こう続けた。

「いつだったかな、冬に大雪が降った年があったのですが、ふと見ると寮の前の駐車場で、光成が小学生と一緒になって雪遊びをしていたんです。私が『楽しそうだな』と声をかけると『小学生に遊んでもらっているんです！』って。そりゃあもう、楽しそうに言うんですよ。ほんと、少年そのまま（笑）。そのころに比べたら、今はずいぶんと大人になったなと思いますが、それでもニコニコしながらインタビューを受けているのを見ると、やっぱり何も変わってないなと感じますね」

今でも時折、母校をふらりと訪れることがある高橋だが、荒井監督の目には高校時代のままだ。

「グラウンド脇の監督室にいたら、誰かがひょっこり顔を出すんですよ。誰かなぁと思って見たら、光成がいたんです。高校時代と同じかわいらしい笑顔で『どうも～おつかれさまでぇす！』なんて言ってね（笑）。『急にどうしたんだよ？』て聞いたら、『いや、ちょっと顔を出そうかなって思いまして』って。ちょうど今、光成と同じ学年の小川（駿輝）がウチの高校のコーチをしていて、選手と一緒に寮生活をしているんです。それで『小川が寮にいるよ』って言ったら、『え！　僕、寮に入っちゃっていいんですか？』って聞くんですよ。『いいに決まってるじゃん。みんな喜ぶよ』って言ったらうれしそうに寮に向かっていきました。後で聞いたら、寝ている選手を起こしてびっくりさせるというイタズラをして喜んでいたみたいです（笑）。あんな大きな体をしていますけど、言うこともやることもかわいいんですよ。だからみんなに愛されるんだと思います」

高橋は群馬県沼田市の山間部で生まれ育った。実家はりんご園を営んでいる。小高い山にあるりんご園は、子どもにとっては格好の遊び場だった。

「季節になると、りんご園の周りに30匹くらいのサルたちがぶわーって集まってくるんです。だから僕と弟でサルたちを追いかけまわしていましたね。そうすると、キーッって威嚇しながらサルたちは逃げていくんですよ（笑）」

自宅のすぐ近くには澄んだ水が流れる川もあり、水中に潜ってヤマメなどの川魚を銛で突いて捕るのが、少年時代の遊びだった。そんなふうにして田舎で伸び伸びと育った彼にとって、荒井監督が指導する前橋育英高の野球部は性に合っていたのだろう。高校3年間について訊くと、髙橋は迷うことなく「楽しかった」と即答した。

「野球部を辞めたいとか、嫌になったとかなんてことはまったく思わなかった。本当に一切なかったです。練習が辛かったという思い出も全然ない。もちろん厳しい練習もありましたけど、それでもやっぱり楽しかったなって。上下関係がほとんどなくて、先輩はみんな優しく接してくれましたし、荒井監督もミスをしても怒るようなことはありませんでした。チームの雰囲気がすごく良かったので、本当にやりやすい環境でした」

2年生エースとしてチームをけん引した髙橋。
甲子園の大舞台でその名を轟かせた

荒井監督が初めて髙橋のピッチングを見たのは、彼が中学3年生の春。中学校の野球部の練習に訪れたのが最初だった。

「身長は今とそれほど変わらなかったと思いますが、とにかく細くてヒョロッとしたピッチャーだな、というのが最初の印象でした。ただ運動能力は高いものを持っているなと。当時から非常にバランスの良い投げ方をしていて、無理のないきれいなフォームだったんです。これは高校で体が大きくなって体力やパワーがつけば、おもしろいピッチャーになるんじゃないかな、という感じがありました」

2012年春、髙橋は前橋育英高野球部に入部。すぐにベンチ入りした髙橋は、1年秋には背番号1をもらい、チームの主戦となった。しかし、そのころはまだエースとしての自覚はなかったという。気持ちに変化が訪れたのは、2年春のことだ。荒井監督から叱られた記憶がほとんどないという髙橋だが、一度だけ恩師からの厳しい言葉にハッとさせられたことがあった。野球部では各選手が毎日「野球ノート」を付けている。週に一度、荒井監督に提出し、コメントが寄せられるのだが、2年春のある日、監督から戻されたノートにはこんな言葉が記されてあった。

＜3年生の進路まで背負って投げるんだぞ＞

この言葉に、思わず息をのんだ。そしてエースとは何かを知り、覚悟を決めた。

「あの言葉は今も忘れられないですね。〝3年生のために頑張れよ〟という監督からの激励のメッセージだったと思うんですけど、めちゃくちゃ重い言葉だなと思いました。ハッとさせられたというか……。その時に腹をくくったんです。自分はあと1年あるからいいや、じゃなくて、3年生のために頑張って甲子園に行くんだって」

1年秋の大会では制球が乱れ、1試合で四球が2ケタを数えるゲームもあったほど安定感に欠けていた。だが、ひと冬を越えてちょうどトレーニングの成果も出てきたことも要因となっていたのだろう。心身ともにひと皮むけた高橋は、少しずつエースの風格を漂わせ始めていった。

誰も分からない「スイッチ」

高橋にはいつどこで入るか分からない〝スイッチ〟がある、と荒井監督は言う。

「スイッチが入った時の光成は、周囲が驚くほどのピッチングをするんです。ただまあ、そのスイッチがいつ入るかは分からない。〝頭のてっぺんにあるから誰も押せないんじゃないか？〟なんて冗談を言ったこともありますけど、そこが彼らしいですけどね（笑）」。そのスイッチが入ったのが、2年の夏、東農大二高との群馬県大会決勝だった。相手打線を4安打シャットアウト。3対0の完封勝利で夏の甲子園への初切符をつかみ取った一戦だ。

今もスイッチのボタンの所在は分からないままだが、髙橋自身もあの2年夏の県大会決勝はスイッチが完全にオンになっていたことだけは確かに覚えている。実はその年の春、関東大会を終えた後に背中を痛めた髙橋は、夏の予選が始まっても本調子とは程遠い状態だった。そのため、大事な初戦は二番手の喜多川省吾が先発し、髙橋はリリーフで2イニングを投げたのみ。その試合で下半身が使えず手投げになっているピッチングを見て、荒井監督は喜多川を軸に県大会を戦わなければいけないことを覚悟したほどだった。2回戦以降もなかなか本来のピッチングを取り戻すことはできないままだったが、準々決勝あたりから調子は上向き始めた。そして迎えた決勝戦では尻上がりに球威が増し、相手打線を力で封じた。最後の打者を見逃し三振に仕留めたラストの1球は、それまでの自己最速を4キロも上回る148キロの渾身のストレートだった。

いったい何が高橋に力を与え、スイッチをオンにしたのか。高橋に思い当たるのは、ただ一つしかなかった。

「あの時の僕は〝3年生のために〟という気持ちがめちゃくちゃ強くありました。最後の1球で自己最速を出すなんて、自分でも今思うとどこからそんな力が出たんだろうって不思議です。でも、やっぱり荒井監督からの〝3年生の進路を背負って投げろ〟という言葉が大きかったと思います。僕自身、誰かのためにという力がどれだけ強いかということを実感した試合でもありました」

甲子園に行ってからもスイッチは入ったままだった。開幕前の甲子園練習に臨んだ際、マウンドで投げた高橋は荒井監督にこう感想を述べている。

「なんだかキャッチャーが近くに見えました」

この言葉を聞いた荒井監督は髙橋の調子の良さを感じていた。実際、初戦の岩国商高戦（山口）では歴代2位となる9者連続奪三振でスタンドを沸かせ、完封で初陣を飾ると、2回戦の樟南高戦（鹿児島）も相手打線をシャットアウト。3回戦の横浜高戦（神奈川）は初めて失点を許したものの自責点は0。打線からの援護もあり、7対1で快勝し、髙橋は3試合連続の完投勝利を挙げた。準々決勝はリリーフでの登板となったが、準決勝の日大山形高戦も1失点するも自責点は0と好投し、4度目の完投でチームを初の決勝へと導いた。

迎えた延岡学園高（宮崎）との決勝戦。ここまで全試合に登板し、5試合中4試合を一人で投げ抜いてきた髙橋もさすがに疲労の色が隠せなかった。0対0で迎えた4回裏に3失点を喫し、甲子園で初めてリードを許した。それでも右翼手・板垣文哉の好返球で4点目を阻止した前橋育英高は、すぐに打線が奮起した。5回表、先頭の田村駿人が左翼席に本塁打を放つと、無死一、三塁からスクイズを成功させて1点差に。

さらに二死後には小川の同点タイムリーで試合を振り出しに戻した。

打線に援護をもらった髙橋は、5回以降は危なげないピッチングで追加点を許さなかった。すると7回表、先頭の土谷恵介が三塁打を放つと、荒井監督の長男で主将の海斗が三塁線を破るタイムリーを放った。結果的には、これが決勝点となった。

髙橋は7、8回を三者凡退に仕留め、1点リードで最終回を迎えた。死球とヒットで無死一、二塁と一打同点のピンチを迎えたが、二者連続でフライに打ち取り二死とした。そして次打者を2ストライクに追い込むと、最後はフォークボールで空振り三振に仕留めた。打者のバットがクルリと宙を回った瞬間、大歓声とともに髙橋は両腕を天に掲げた。その髙橋の胸に3年生たちが次々と飛び込み、喜びを分かち合った。

髙橋は全6試合に登板し、50イニング687球を投げて自責点はわずかに2。防御率0・36とまさに圧巻のピッチングだった。2年生にして優勝投手となり、一躍時の人となったが、驕りの気持ちは一切なかった。

「優勝できたのは、おまけというわけではないですが、運が良かっただけだと思いま

▲2013年夏の甲子園で群馬県勢としては14年ぶりの全国制覇。マウンドの高橋にナインが駆け寄る

▲投打がかみ合った野球で頂点に立った前橋育英高

す。それよりも前橋育英高として初めて甲子園に出場できたことの方が、僕にはうれしかったんです。それに僕が力を出せたのは、やっぱり3年生のおかげでした。ベンチに戻ってくるたびに、控えだった板橋（達弥）さん、若松（徹也）さんがアイシングを手伝ってくれたんです。本当は試合に出られなくて悔しいはずなのに、それでもチームのため、僕のためにってやってくれていました。『この先輩たちのためにも頑張らなければ』と思えたからこそ、ああいうピッチングができたんだと思います」

試合後のインタビューで高橋は、最後の1球についてこう語っている。

＜先輩たちや仲間、全員の思いを込めて投げました＞

この言葉を耳にした荒井監督は、鳥肌が立つほど感極まる思いがしていた。「そういう気持ちを込めて投げてくれたんだな……と思ったらうれしくてね。実際にチームが優勝できたことも、光成があれだけのピッチングができたのも、彼やプレーした選手たちの力だけではありませんでした。大会期間中、毎日夕食後にはホテルの近くの大阪城まで歩いて行って広場で素振りやシャドウピッチングをしていたのですが、そのときにベンチに入れなかった3年生2人が試合には絶対に出られないのに汗だくになってバットを振っていたんです。彼らの姿を見て、私はすごいなと。それを選手たちにも話したりはしたんですけど、そういう彼らがいたからこそ、チームの士気が高まり、勝つチームの雰囲気をつくりあげていったのかなと。本当にみんなの力が結集したからこその優勝でした。逆にそういうものがなければ、全国優勝なんてできなかったと思います。そのことを一番注目された光成が感じていてくれたことが、何よりもうれしかったですね」

しかし3年生が引退し、高橋たちの代となって以降は順風満帆とはいかなかった。栄光をつかんだ夏の甲子園から約3週間後に行われた秋季大会ではまさかの初戦敗退。さらに翌年の春季大会も初戦で姿を消した。そして最後の夏は、初戦こそ7回コールド勝ちしたものの、続く3回戦でライバルの健大高崎高に敗れた。高橋は6回まで無失点に抑えていたが、7回に集中打を浴びて一挙6点を奪われた。8回は追加点を許さなかったが、逆転は叶わなかった。

「自分たちの学年で甲子園に行けなかったことが、高校時代の一番悔しい思い出です」と髙橋。一方、荒井監督は「ホッとしていた部分もあったのではないか」と語る。

「甲子園で優勝した後の光成は、ちょっとかわいそうでした。あまりにも注目されてしまって、プレッシャーも大きかったと思いますし。周りから常に見られているという環境はそれまでとあまりにも違い過ぎて、とまどいもあったと思います。学校の入試の時はいつも野球部が道に立って誘導の手伝いをするのですが、2年冬の入試の時に光成が道端に立っているっていうだけで、写真を撮られたりしたようです。試合でバス移動の際にも、周りに人が集まっちゃって、まったくバスが身動きとれなかったり。もちろん注目されていたことはありがたかったですし、そんな経験は誰もができるわけではないですからね。ただ田舎育ちの純朴な高校生には、ちょっとキツかったかなと。でもね、ドラフトに指名されて初めて行った春のキャンプで会った際に『また囲まれたりしてるのか?』って聞いたら『いえ、全然。声をかけてくる人は誰もいません』なんて、ちょっと寂しそうにしていましたけどね（笑）」。

甲子園でも続けた「凡事徹底」

髙橋にとって甲子園での一番の思い出といえば、足元から地響きのような揺れを感じるほどの大歓声だ。新型コロナウイルス感染拡大の影響を受け、20年から満員の観客の前で試合ができない今は、より当時の大歓声を懐かしく感じている。

「球場のスタンドは傾斜があるので、マウンドに立っていると観客からの圧みたいなのをすごく感じるんです。なかでも甲子園はその圧がすごいんですよ。高校の時も〝あぁ、みんながオレのことを見ている〟て感じながら投げていました。でも、僕にはそれが心地よかったんです。〝緊張する、どうしよう〟とは一切ならなかったのですね。逆に〝うわ、すごい見られてる〟って楽しんじゃっていました」

その甲子園で髙橋たち部員が変わらず続けていた習慣があった。朝、散歩のときのごみ拾いだ。

「物が落ちていれば拾うなんてことは、当たり前のことかもしれません。人にやれと言われれば、誰だってすると思うんです。でも、意外と普段からやっている人って少ないですよね。それを僕たちは甲子園でもずっと毎日やっていました。それをしたからって優勝できるわけではなかったかもしれませんが、野球の神様はそういう姿も見てくれていたんじゃないかなって思います」

当たり前のことを丁寧に徹底してやる――荒井監督から一番に学んだのは「凡事徹底」の大切さだった。優勝した前橋育英高が去った後、宿泊していたホテルのスタッフがきれいに整えられた部屋の様子に驚いたというのは有名な話だ。

「荒井監督にはいつも〝ホテルは入った時よりもきれいにして出なさい〟と言われていました。だから甲子園でもいつも通りにしただけなんです。今も遠征でホテルに泊まったときは、やっぱり意識しちゃいますね。もちろん少しは汚くなってしまうけれど、それでもごみとかはちゃんと片付ける、というのは習慣になっています」

これに荒井監督は「ああ、それはうれしいなぁ」と言って、こう続けた。

「私は習慣が人をつくると思っているんです。ごみを拾ったからといって、ホテルの部屋をきれいにして出たからといって、勝ちにつながるわけでも、球が速くなるわけでも、打球が飛ぶわけでもない。ただそういうことに気付けるかどうか、そして実行に移せるかどうかだと思います。プロに行ってもそういうことを続けているのは人として大きな成長。後輩にとっても、いい見本になってくれていますね」

プロの第一線で活躍する今も、髙橋にとって高校野球はひとつも色褪せていない。あのとき、仲間たちとともに追い続けた甲子園は、今も特別な場所だ。

「オープン戦や交流戦で甲子園のマウンドに上がると、やっぱり気持ちが高まるというか……。『うわ、甲子園だ！』って、なんか特別な気持ちになるんですよね。それだけ高校野球は特別な時間だったんだと思います。みんなで一致団結して、同じ目標に向かって一緒に熱くなれる。そういう力が甲子園や高校野球にはあると思うんです。あんなにも一つのことに熱く、夢中になれた時間を過ごせたというのは、僕の人生においてすごくいい経験になったと思います」

そして、こう続けた。

「コロナ禍の今は、高校生や子どもたちもみんな大変な思いをしていると思います。

モチベーションを保つことも難しい環境にあって、僕が何か簡単に言うことはできない。でも、それでも僕は野球を好きでいてもらいたいなって思うんです。僕自身がそうですけど、野球って楽しいじゃないですか。その気持ちを忘れずに、頑張ってほしいなって。僕も大好きな野球をもっとうまくなるために、これからも追求し続けていこうと思います」

もちろん悩むことも苦しいこともある。だが、いつだって「野球が好き」という気持ちがそれを上回る。どんなに失敗しても、その気持ちさえあれば乗り越えられる。そしてチームのために、応援してくれる人たちのために、という気持ちが、自分に頑張る力を与えてくれる。高校野球はそれを教えてくれた大切な場所だ。

▶前橋育英高時代の主な戦績

2013年夏	選手権群馬大会	2回戦	太田工	○	7-0	
		3回戦	高崎工	○	8-0	
		4回戦	伊勢崎清明	○	9-2	
		準々決勝	前橋	○	9-3	
		準決勝	樹徳	○	5-1	
		決勝	東農大二	○	3-0	
2013年夏	全国選手権大会	1回戦	岩国商	○	1-0	先発 9回0失点(自責点0)13奪三振
		2回戦	樟南	○	1-0	先発 9回0失点(自責点0)6奪三振
		3回戦	横浜	○	7-1	先発 9回1失点(自責点0)5奪三振
		準々決勝	常総学院	○	3-2	リリーフ 5回0失点(自責点0)10奪三振
		準決勝	日大山形	○	4-1	先発 9回1失点(自責点0)7奪三振
		決勝	延岡学園	○	4-3	先発 9回3失点(自責点2)5奪三振
2013年秋	群馬大会	2回戦	太田工	●	3-4	
2014年春	群馬大会	2回戦	樹徳	●	0-8	
2014年夏	選手権群馬大会	2回戦	松井田	○	7-0	
		3回戦	健大高崎	●	2-6	

甲子園に出場した選手は学年に関係なく、地方大会の戦績から掲載。未出場の選手は最終学年の秋・春・夏の戦績。個人成績は甲子園出場時の成績のみを掲載

PROFILE

たかはし・こうな● 1997年2月3日生まれ。群馬県出身。190cm 105kg。右投右打。抜群のマウンド度胸を武器に、前橋育英高2年時にはエースとして甲子園で優勝投手に。躍動感あふれる力強いピッチングスタイルは多くの高校野球ファンの心をつかんだ。2015年ドラフト1位で埼玉西武ライオンズに入団。ルーキーイヤーから5勝をマーク。2年目以降もチームの先発ローテーションに欠かせない右腕として存在感を発揮している。

僕たちの
高校野球
EXTRA INNING

恩師・荒井直樹監督［前橋育英高］から髙橋光成へ

「光成にはこれからも後輩や子どもたちに、野球の楽しさを伝えていってほしいと思います」

▼人間的にも成長

プロの第一線で活躍している光成の姿を見ていると、本当にうれしいなと思います。でも正直、彼がここまでのピッチャーになるとは、高校時代は想像もつかなかったというのが正直なところです。彼が2年生の夏に前橋育英高は甲子園で初優勝できたのですが、実は1回戦が終わった時に、光成が日本代表に選出される可能性がある、という話が浮上したんです。そのときは「まさか、そんなことはないだろう」と思っていましたが、2回戦を勝った時に、いよいよ本当に日本代表として台湾で行われるU-18ワールドカップに出場するとなって驚いたという思い出があります。その光成が、2021年は開幕投手に抜擢されたわけですから、いやぁ「すごいな」のひと言に尽きます。でも、かわいらしさは今もまったく変わっていません（笑）。だからきっと球団の皆さんからもかわいがってもらっているんじゃないかな。

光成にはできるだけ長く活躍してほしいなと思っています。中日で活躍した山本昌が、私の日大藤沢高（神奈川）時代の一学年下の後輩にあたるのですが、彼は本当にいいヤツなんですよね。昌のことを悪く言う人は、今まで一度も会ったことがないくらい。マスコミの人からも「昌さんは囲み取材で『座ってください』と言っても、『いや、みんなが立っているんだから、僕も立ったままで大丈夫ですよ』と言うんです」とか「駐車場で待っていると、ほとんどの選手が素通りしていく中、昌さんは必ず立ち止まってインタビューを丁寧に受けてくれるんです」なんて話を聞いたことがあります。

そういう部分は高校時代からまったく変わっていません。彼がつくったプロ野球の最年長勝利記録（49歳）、最年長登板（50歳1カ月）は未だに破られていませんが、

PROFILE
あらい・なおき● 1964年8月16日生まれ。神奈川県出身。選手時代は日大藤沢高―いすゞ自動車でプレー。都市対抗にも7度出場を果たした。指導者としては日大藤沢高を経て1999年から前橋育英高のコーチに就任。2002年から監督を務めている。

プロの世界で長く活躍するには人間性も大事だということを、彼が証明してくれたんじゃないかなって思っているんです。そのことを光成にも話したことがありますが、彼も昌のような人間的にも尊敬されて、誰からも愛され、応援される選手になってほしいなと思います。

▼高校野球とは何か？

私にとって「高校野球」とは子どもたちの成長を見ることができ、喜びを感じられる大切な場。2年半という短い時間の中で、彼らが心も体もどんどん成長していく姿を一番近くで見ることができているこことに感謝しかありません。もちろん甲子園に連れて行って、そこでプレーする姿を見たいという気持ちもありますが、たとえ甲子園に行くことができても部員全員がプレーできるわけではありません。だからこそ一番大事だと思うのは、選手一人ひとりと、一対一での信頼関係を築くことです。

それは全国優勝した2013年の時にも感じたことでした。選手たちとの信頼関係ができていたからこそ成し得たものだったと思います。たとえば2年生エースだった光成のアイシングを3年生に頼んでも、彼らは快く引き受けてくれました。また、甲子園でベンチに入れなかった3年生が、夕食後の練習で誰よりも一生懸命にバットを振ってチームの士気を高めてくれました。普段からの信頼関係が、あのような大舞台でも力を発揮できるような雰囲気をつくってくれたのだと思います。

私は選手たちにはまずは野球を楽しんでほしいと願っています。失敗をして注意されることもあるでしょう。それもまた大事なこと。そうしていきながら、一生懸命練習していく中で、少しずつ技術が身に付き、できなかったことができるようになり、知らなかったことに気付いたりする。それが野球の楽しさだと思うんです。

高校野球の指導者になって24年目になりますが、一生野球を分かるなんてことはないのかなと。それほど難しく、奥深いのが野球です。「ああしたらどうだろう、こうしてみようか」と試行錯誤の繰り返し。そうした中で何かを達成した時の喜びはひとしおでしょう。それが野球の楽しさなんじゃないかなと思っています。だから光成が、プロになった今も「野球が楽しい。もっとうまくなるために追求していきたい」と言ってくれているのが、本当にうれしいですね。

もう、それだけで十分。これからも後輩や子どもたちに野球の楽しさを伝えていってほしいなと思います。

僕たちの
高校野球

青春ストーリー 7

山本由伸

［都城高―オリックス・バファローズ］

根っからの野球小僧に訪れた「2つの幸運」

〝飛ぶ鳥を落とす勢い〟とは、彼のことを指すのだろう。オリックスのエースに成長した山本由伸だ。2021年の交流戦では、広島打線を7回までパーフェクトに抑え、完全試合を期待させるピッチングをするなど3戦全勝。球団の11年ぶりとなる交流戦優勝の立役者となり、MVPにも輝いた。

19年には最優秀防御率、20年は最多奪三振を獲得したが、21年は最多勝を加えた「投手3部門」でタイトルを総ナメしそうな勢いの若き右腕。そんな光り輝く〝今〟につながるターニングポイントがあった。都城高の1年秋に訪れた〝2つの大きな出来事〟だ。「いろいろなタイミングが重なってのことですが、結果的には僕は運があったんでしょうね」と当時を振り返った山本。その幸運を引き寄せ、そして努力と実力でチャンスをモノにした右腕の高校時代に迫る。

野球人生の分岐点

岡山県備前市出身の山本は、小学1年生の時に野球を始めた。中学3年の時は東岡山ボーイズに所属し、全国大会にも出場した。当時の主なポジションは内野手。中学時代もセカンドを務め、たまに投手もするといった具合だった。元来バッティングも内野守備も好きだったという山本。特にバッティングの技術は高く、後に高校2、3年の時にはエースでありながらクリーンアップを打つほどだった。

山本が地元から遠く離れた宮崎県の都城高に進学するきっかけとなったのは、2年秋まで指導してくれた森松賢容監督（当時）からのスカウトだった。初めて山本を見た時の印象について、森松監督はこう語っている。

「もともと私は都城高の前に岡山県の高校で指導していたので、東岡山ボーイズさんとも縁がありました。それで由伸が中学3年の秋に、一度練習を見に行かせていただいたことがあったんです。行くまでは由伸の存在は知らなかったのですが、練習を見た時に〝一緒に野球をやりたいな〟と思いました。当時は内野手だったので、僕が見に行った時もショートでノックを受けていたのですが、スローイング1つとっても体の使い方がめちゃくちゃ素晴らしかったんです」

2014年春に山本は実家を離れ、単身で宮崎県都城市にある都城高へと進学。寮生活をスタートさせた。まず最初に森松監督を驚かせたのは、野球への情熱だった。

「入学したばかりの1年生は体が出来上がっている3年生とは体力がまったく違いますから、普通は練習が終わって寮に帰るとクタクタのはずなんです。ところが由伸の場合は、寮に帰ってからも熱心に素振りやシャドウピッチングをしたり、あるいはグラブやスパイクをいつも丁寧に磨いていました。まあ、その一方で勉強をしているところはあまり見た記憶はないですけどね（笑）。とにかくいつも人一倍野球に関わっていたのが由伸でした。だから言葉は悪いかもしれませんが〝根っからの野球小僧なんだな〟というのが最初の印象。実際プレーをすれば体の動かし方もバランスが良かったですし、本当に大きな可能性を持った選手だなと思っていました」

そんな山本はすぐに頭角を現し、サードでレギュラーの座をつかむと、その年の夏、宮崎県大会では「九番・サード」で出場。1回戦の高千穂高戦では3打数2安打2打点と大活躍した。しかし相手打線も強力で、互いに2ケタ安打を放つ乱打戦となった。3番手として8回からマウンドに上がり、2イニングを投げた山本も2失点を喫するなど、都城高の投手陣は6失点。5対6の1点差で涙をのみ、初戦で姿を消した。

新チームが結成されると、山本は森松監督からある打診を受けた。それまで主に内野手としてプレーし、投手はあくまでも兼任だったが、これからは投手に専念するというものだった。その時の気持ちを山本はこう語る。「当時は、どちらかに絞るということができなかったんです。実は高校に入る時も『どちらかを選ぶとしたら？』と聞かれたことがあったのですが、その時は選べませんでした。野手として打つことも守ることも好きだった一方で、やっぱり一番試合でボールに関わり、中心になるという部分ではピッチャーにも魅力を感じていて。どちらもやりたいという気持ちがありました」。

高校で投手としての能力を開花させた山本。甲子園出場の夢こそ叶わなかったが、その存在は全国に知れ渡っていた

投手力が不足しているチームの台所事情も当然のように理解していた山本は、自分が必要とされていることを分かっていた。そこで監督の勧めもあり、投手に専念することを決意した。今振り返ると、この決断が自身の野球人生にとって大きなターニングポイントになった。

「プロで今、ピッチャーとして生きているわけですからね。あの時にいろいろなタイミングが重なって僕がピッチャーを本格的に始めたというのは、今考えると幸運に恵まれたなと思っています」

一方で山本のピッチャーへの本格転向は、実は入学して初めての練習の時から指揮官の頭の中にはあった構想だった。「初日の練習の時にキャッチボールをしているのを見て、すごくバランスがいいなと。ピッチャーにしたら面白いんじゃないかなと思ったんです。センスもあって、野球に対する姿勢もすごく前向きな選手でしたしね。ゆくゆくはピッチャーとしてということは考えていたんです。最初に内野手をやらせた時も、セカンドやショートではなく、ファーストに投げる距離が一番遠く、しっかりと腕を振って投げないといけないサードに起用したのはそのためです。逆に外野はまったく考えていませんでした。もう彼は将来プロに行く選手だということは確信していましたので、そのためにはフィールディングもしっかりとできるピッチャーでなければいけないと。それで内野、それもサードにしたんです。実際に高校のスタートで足を使って投げなければいけないサードをしたことによって、バランスよく体を動かせるようになり、ピッチャーに専念した秋以降につながったと思います」

さらにもう一つ、山本の野球人生を大きく変える出来事が起きた。1年秋の県大会だ。14年9月29日、ひむかスタジアム。都城高は3回戦で宮崎工高と対戦した。2回戦で対戦するはずだった第2シードの日南学園高が出場を辞退したことで、都城高にとってはこの試合が初戦となった。その1つ前の試合では、宮崎学園高と宮崎日大高との3回戦が行われていた。宮崎学園高には、当時プロからも注目されていた横山楓がいた。実際、横山は翌年の夏の県大会で初の甲子園出場を目指す宮崎学園高を決勝に導くなど、県内屈指の本格派右腕として活躍。2年秋の県大会にもプロのスカウトたちが視察に訪れていた。それが、山本に幸運をもたらすことになった。

宮崎学園高の試合が終わり、ほとんどのスカウトが帰り支度をする中、わずか2人ではあったが、腰を上げることなく次の試合にも目を凝らしていたスカウトたちがいたのだ。その2人の前で山本は宮崎工高打線をゼロ封に抑え、見事な完封劇を披露した。早速試合後、2人のスカウトが森松監督に山本について聞いてきたという。

「『あのピッチャーは何年生ですか?』と言うので『まだ1年生です』と答えたら『へえ、そうなんですね。おもしろそうなピッチャーなのでこれからも見させていただきたいと思います』と言っていただきました」

それを聞いて初めてスカウトから見られていたことを知った山本は「チャンスがあるなら」と本気でプロを目指すことを決めた。

学んだ1球の重さ

その後、都城高は準々決勝で高鍋高を8対0（7回コールド）で破り、ベスト4に進出。山本は初戦に続いて完封勝ちを収めた。そして九州大会出場をかけた準決勝で、延岡学園高と対戦。この日は強風が吹き荒れ、断続的に雨が降るあいにくの天候だった。そんな中で始まった試合、先に主導権を握ったのは都城高だった。初回にいきなり5点を挙げると、2回裏にも2点を追加してリードを大きく広げた。ところが、先発の山本は本調子ではなかった。1年生の3連投は体力的にも厳しかったのだろう。序盤から失点を許し、最大6点差あったリードはあっという間になくなり、ついに6回には同点に追いつかれた。そして8回には2失点を喫し、逆転を許した。打線も1年生エースの力投に応えようと、9回裏に1点を挙げて一矢報いたものの追いつくことはできず、9対10で敗れた。

この試合、山本は9回一死まで投げ続けた。連打を浴びていた1年生投手を、なぜ最終回まで続投させたのか。そこには指揮官のある思いがあった。

「ベンチで由伸の投球を見ていて、私には彼が風や雨という悪条件に負けていたような気がしていました。ただ打たれているからといって、ここで代えてしまったら彼のためにならないだろうなと思ったんです。選手はずっと調子がいい時ばかりではありません。いい時もあれば、悪い時もある。それこそ将来、本気でプロを目指すのならシーズンを通して投げ続けなければいけないわけですからね。そういう中で、調子や気分の良し悪しに流されないピッチャーになってほしいなと。だから、こういう試合を経験することは由伸にとって非常に大きいんじゃないかと思ったんです。実際、その試合で〝これではダメだ〟と思ったのでしょう。その冬のトレーニングに取り組む姿勢はすごかったですよ。一つひとつのメニューに対しての真剣さがさらに増した感じでしたね」

▲あくなき野球への情熱と努力で道を切り拓いてきた山本

その冬、山本は体を大きくしようと2リットルのタッパーいっぱいのご飯を毎日食べ続けた。森松監督いわく「食べるのが遅く、いつも最後まで残って食べていた」というのだから、決して食べることが得意だったわけではなかったのだろう。それでもトレーニングとともに食事面でも努力を続けたのには、ある理由があった。

「秋の宮崎工高戦を見てくれたプロのスカウトから、僕の体の細さを指摘されたんだそうです。それで監督からも『体作りにも取り組んだ方がいいんじゃないか』と言われたので、頑張ろうと思いました」。この体作りは継続して行われ、入学時には60キロだった体重は3年夏には77キロに。それに比例するかのようにボールの球速も上がっていった。

ひと冬を越え、山本はエースとして大きく成長した姿を見せた。春の県大会では準々決勝までの3試合で1失点のみ。準決勝も聖心ウルスラ高を1失点に封じ、4試合すべてを1人で投げ抜いていた。しかし、日南学園高との決勝では序盤につかまり、3回を終えた時点で3失点。4回に一度降板し、ファーストにまわった。その4

回裏、二死一、二塁から山本が走者一掃となるレフトオーバーのタイムリー二塁打を放ち、自らのバットで2点を挙げて1点差にまで詰め寄った。そして、6回からは再びマウンドへ。だが5連投の肩は疲労を隠し切れなかった。6、7回に2点ずつを許し、結局2対7で敗れた。

迎えた夏も、山本の力投が続いた。初戦の2回戦、宮崎工高戦では3人で継投した相手とは逆に、山本は延長10回を1人で投げ抜き、4対3と接戦での勝利に導いた。続く3回戦の延岡工高戦は7対0（8回コールド）と完封勝利を収めた。準々決勝の相手は、その夏に甲子園に出場した宮崎日大高。お互いに8回までゼロ行進が続き、手に汗握る投手戦となった。そして0対0のまま最終回へ。9回表、二死三塁の場面で山本は2ストライクと相手打者を追い込んでいた。しかし3球目、ストライクゾーンから外すはずのスライダーがやや甘く入ってしまい、レフト前に運ばれて1失点。結局それが決勝点となり、0対1で敗れた。「たった1球で負けてしまい、すごく悔しかった。でも、1球の重さをすごく学んだ試合でもありました」

その年の秋、山本は〝怪腕〟と呼ばれるほどのピッチングでメディアを沸かせた。宮崎県新人大会決勝、鵬翔高戦ではノーヒットノーランを達成し、優勝に導いた。さらに秋季県大会の2回戦、宮崎海洋高戦では5回参考ながら完全試合を達成したのだ。それでもベスト8止まりで終わり、全国の舞台に上がることはできなかった。

甲子園出場のチャンスは残り1回。その最後の夏に向けて、山本はさらに体重を7キロ増量し、トレーニングで体を鍛えた。おかげで3年の夏には球速は151キロにまでアップし、プロも注目する剛腕投手に成長していた。そして都城高にとって1999年以来、17年ぶりの甲子園出場をかけた戦いが幕を開けた。

初戦となった2回戦、過去7度夏の甲子園（当時）に出場している強豪の延岡学園高との試合にはプロ12球団から20人ものスカウトが集まっていた。その中で先発した山本は初回からエンジン全開で投げた。三者凡退と最高の立ち上がりを見せた山本は、2回に1点を許したものの、この日の最速149キロのストレートを武器に凡打の山を築いた。結局、7回⅔を投げて3安打11奪三振1失点、自責点0という快投で上々のスタートを切った。チームも打線が11安打の猛攻を見せ、7対3で初戦を突破した。続く3回戦の相手は宮崎商高。白熱した投手戦の展開となり、4回までゼロ行進が続いた。山本も3安打7奪三振と好調だった。均衡が破れたのは5回裏。宮崎商高が一死一、三塁から四番のタイムリーで先制すると、さらにスクイズで加点し、2対0とリードした。その後、山本は立ち直って6、7回を無失点に抑える力投を見せた。だが、打線は一度も三塁を踏むことができず、エースを援護できずにいた。8回には二死一、三塁のチャンスをつくったが、あと1本が出ず……。迎えた9回、最後の打者となった山本がセカンドゴロに倒れ、0対2で試合終了。山本の高校野球は幕を閉じた。甲子園には一度も行くことができなかった。「悔しい思い出の方が多い」という3年間だったが、それでも得たものは大きかったという。

「1つの目標に向けてみんなで頑張る、そういうチームワークや大切なことを学ぶことができたと思います。甲子園という目標があったからこそ、自分自身も成長できた。もちろん技術やフィジカルの部分もそうですが、一番は人としての部分で変われたかなって。僕、中学生の時は好きな野球しか頑張っていなかったんです。でも、高校では野球以外のことも頑張らなければいけないという気持ちが出てきました。クラブチームだった中学校時代とは違って、高校は学校の名前を背負っての野球部ということで責任感がありました。そういう部分で、少しだけ大人の階段を昇れたんじゃないかなと思います」。そして、2年秋までの森松監督、その後を引き継いだ石原太一監督(当時)という2人の指導者との出会いにも感謝している。

「森松監督にも石原監督にも一番に言われたのは人としての部分。私生活だったり、野球の面ではマウンドでの態度だったりを指導されました。森松監督は怖くて、めちゃくちゃ怒られました。でも、そういう厳しい指導が僕の土台をしっかりと作ってくれました。そして石原監督も厳しかったですけど、どちらかというと自主性を重んじる方針の指導をしてくれました。偶然ですが、僕にとってはお2人に会うタイミングというか、ちょうどいいバランスだったのだと思います。森松監督に土台を作っていただいた中で、ちょうど仕上げじゃないですけど、2年秋からは石原監督の指導の下で自分自身で考えてやっていくことができた。本当に感謝しています」

日本球界を代表する右腕に成長した山本が、今も変わらず思っていることがある。それは、野球をうまくなる一番のコツは楽しむことにあるということだ。「高校時代は辛いこともあったし、心が折れることも何回もありました。でも、みんなと一緒に頑張って乗り越えることで、大きく成長することができました。これまでの人生の中で一番成長できたのが高校の3年間だったと思っています。だから、今の高校生にもどんなに苦しい時も、野球を始めた時の楽しいという気持ちを忘れず、思い切りやってほしいなって。それがうまくなるコツでもあると思うんです。僕もまだまだうまくなりたいですし、これからも野球を楽しんで頑張りたいと思います」。

何にも代え難い思い出であり、今の自分の「原点」でもある高校野球。甲子園に行くこと以上に、本気で甲子園を目指すことにこそ将来につながる成長があり、価値がある。山本由伸という投手が今、それを体現してくれている。

▶都城高時代の主な戦績

2015年秋	宮崎大会	2回戦	宮崎海洋	○ 10-0
		3回戦	延岡学園	○ 4-3
		準々決勝	富島	● 1-3
2016年春	宮崎大会	2回戦	日向工	○ 12-7
		3回戦	宮崎農	○ 8-4
		準々決勝	聖心ウルスラ	● 2-6
2016年夏	選手権宮崎大会	2回戦	延岡学園	○ 7-3
		3回戦	宮崎商	● 0-2

甲子園に出場した選手は学年に関係なく、地方大会の戦績から掲載。未出場の選手は最終学年の秋・春・夏の戦績。個人成績は甲子園出場時の成績のみを掲載

PROFILE

やまもと・よしのぶ● 1998年8月17日生まれ。岡山県出身。178cm 80kg。右投右打。都城高入学後、1年夏から投手に専念して才能が開花。2年夏には151キロをマークするなど甲子園出場こそならなかったが、潜在能力の高さはプロも注目する存在に。2017年ドラフト4位でオリックスに入団。1年目から一軍で勝利を挙げ、翌18年はセットアッパーとして32ホールド。19年に先発に再転向し、球界を代表する右腕として輝きを放っている。

僕たちの高校野球
EXTRA INNING

恩師・森松賢容監督から【元・都城高監督】山本由伸へ

「もともと持っている性格の良さと人間性が、由伸をここまで成長させたと思います」

▼ピッチャーとしての才能

現在の活躍を見ていると、高校時代、彼にピッチャー一本に絞ることを提言したことは良かったんだなと、しみじみ思ったりすることがあります。とはいえ、日本を代表するようなピッチャーになるなんてことはさすがに予想はしていませんでした。ただただ、プロになって頑張ってほしいなと思っていただけでしたので。それがこんなに若くしてオリンピックの代表にまで抜擢されてしまうんですからね。これには、もうびっくりです。

ただ今の活躍は決して不思議ではなく、由伸にはやはりそれだけの素質があったのだと思います。というのも、彼はめちゃくちゃ素直な性格で、周囲が思っているレベルでは到底追いつけないくらい本当に野球が大好きなんです。そして、目標に向かって努力できる選手でしたので、なるべくしてなったのかなと。彼がもともと持っている性格の良さと人間性が、プロの世界で大成している一番の要因であるような気がします。

その性格の良さは、お母さんの影響も大きいように思います。由伸のお母さんは試合になると、よく岡山から車で応援に駆けつけてくれました。久しぶりに会う息子と話をしたいという気持ちは当然あったと思います。でも、一切話しかけるようなことはありませんでした。遠くから見守るようにして応援していたんです。私が「頑張れば、プロにも行けるような選手ですよ」と言っても、「いえいえ。ただチームの皆さんにご迷惑にならなければと思っています」と答えるようなお母さんでした。ああ、こういう人間的に素晴らしいお母さんだからこそ、由伸のような素直な子どもが育つんだな」と思ったものです。

PROFILE
もりまつ・よしひろ● 1984年6月13日生まれ。熊本県出身。選手時代は鹿児島実高―城西大でプレー。指導者としては瀬戸内高監督―浦和学院高コーチ―作陽高コーチを経て、2013年から15年まで都城高監督として指揮を執った。

▼努力を惜しまない子

私が監督として指導したのは由伸が2年秋までだったのですが、その1年半で印象に残っている試合の1つが、2年夏の県大会準々決勝です。その年に優勝して甲子園に出場した宮崎日大さんとの試合だったのですが、あちらの監督さんも「一番面白かった」と言ってくれたくらい、私自身もベンチで見ていてワクワクした試合でした。お互いがまさに死力を尽くして戦い抜いた試合だったと思います。結果的にウチが0対1で負けたのですが、その1点は9回二死三塁からの1本のヒットでした。その時、由伸は2ストライクまで追い込んでいて、3球目にスライダーを投げたんです。そのボールがバットの届くところに行ってしまった。それでレフト前に運ばれてしまいました。その1球で負けたことに対して、由伸は本当に悔しかったのでしょう。試合後はめちゃくちゃ泣いていました。でも、逆にあの試合で彼がまた大きく成長してくれたんじゃないかとも思うんです。1球の大切さを身に染みて感じたでしょうからね。

それにしても、由伸には本当によく叱ったものです。というのも「絶対に負けないから」という闘争心を見せて、さらに努力しようとするので、叱りがいがあったんです。特に口を酸っぱくして言ったのはマウンドでの立ち居振る舞い。バックで守ってくれている選手、あるいはベンチやスタンドにいる選手が〝チーム一丸となって勝とう〟と思えるかどうかは、マウンドにいるオマエの姿ひとつだぞと。ですから、アウトを取るたびに野手に声をかけること、たとえ打たれても下を向かないこと、調子が悪くてもそれを出してはいけないというようなことを懇々と言いました。それをしっかりと実践してくれて、真のエースになってくれたと思います。

由伸には本当に感謝しているんです。だって、こんなにもワクワクしながら、プロで投げる教え子のピッチングが見られるなんて、そうあることじゃないですからね。本当に幸せだなって。由伸がくれた宝物のような気がしています。これからも一番の応援団でいたいと思っていますが、逆に私の方がエネルギーをもらっているんですよ。仕事でキツいことがあっても、由伸の活躍した記事を見ると「よし、オレも」って思えるんです。だって教え子が頑張っているんですから、自分が頑張らないわけにはいかないですからね。由伸はまだ2021年で23歳。これからもファンを魅了するピッチングで、日本球界を盛り上げていってほしいです。

僕たちの高校野球

青春ストーリー 8

村上宗隆

［九州学院高―東京ヤクルトスワローズ］

怪物スラッガーの純情物語

〝肥後のベーブ・ルース〟から〝令和のホームラン王〟への道を歩み始めている村上宗隆。2021年で高卒プロ4年目ながらすでにベテランの風格さえ漂う。2年目の19年には、開幕からわずか38試合目にして10号に到達し、最終的には高卒2年以内の選手では中西太が持つシーズン最多記録の36本塁打をマーク。新人王にも輝いた。21年は前年に3本差で敗れた岡本和真（巨人）らとの熾烈な本塁打王争いを繰り広げており、初のタイトル奪取となるかが注目されている。

そんな彼の素質の高さを入学直後から見抜いていたのが、九州学院高時代の恩師である坂井宏安監督（当時）だ。1年春から村上を四番に抜擢し、成長を見守ってきた。しかし、村上はその恩師の予想をはるかに超えるバッターだった。村上が高校時代に放った通算52本のホームラン。その記念すべき第1号、そして公式戦での最初の一発。そのいずれもが〝初打席〟という偉業だった。大器の片鱗をうかがわせた高校時代の軌跡を辿ってみたい。

有言実行の一発

カキーン！　その日、球場には乾いた金属音とともに白球が美しいアーチを描いてスタンドに突き刺さった。驚きを隠せない周囲をよそ目に、九州学院高の1年生スラッガーは悠々とダイヤモンドを1周し、ホームへと戻ってきた。入学してようやく1カ月が過ぎた5月のある日の練習試合。東京の強豪校・早稲田実高相手に、村上は第1打席でいきなり高校第1号を放った。それは有言実行の一発でもあった。

「試合前に、先輩に『今日、僕ホームランを打ちます！』って言ってたんです。先輩たちは『そんなん（早実高と）5試合くらいしないと打てんぞ』って言ってお互いに笑っていたんですけど、本当に打てたのでうれしかったです」。そんな新入生の豪快な一発をベンチで見ていた坂井監督は、彼の底知れぬ力を見た思いでいた。

「〝この子はこういうところで打てる選手なんだな〟と思いましたね。というのも当時、早実さんには同じ1年生に清宮幸太郎君（日本ハム）がいました。もちろん私も村上も彼のことは知っていました。一方、村上のことは早実の和泉実監督も、清宮君も初めて知ったはずです。その試合で、第1打席で第1号のホームランを相手に見舞うわけですからね。これはただ者じゃないなと思いましたよ」

鮮烈な夏の公式戦デビュー

坂井監督が村上を初めて目にしたのは、中学3年の夏のことだ。九州学院高の練習を見にきていた村上はひときわ大きな体をしており、目立っていた。そして入学直前の3月末の練習で初めてスイングを見た時、ミートのうまさに指揮官は「これは」と思った。「すぐに村上はウチの打線の軸になる選手だと思いました。当時は好打者がそろっていましたので、さらに彼が1枚入ることによって打線の厚みがさらに出るだろうなと。チームにとって必要な選手だと考えていました」。

九州学院高は前年の秋は熊本県大会に続いて九州大会も制し、春にはセンバツに出場と高い戦力を有していた。そんな実績もあり、チームには好打者も多かった中で、1年生の村上を入学直後から四番に据えたのはなぜだったのか。その理由を坂井監督はこのように語る。「ちゃんと村上の前後を固めてくれる3年生がいたというのが一番大きかったですね。三番の友田晃聡と、五番の柳内一輝がしっかりしていたので、彼らの間でなら安心して1年生の村上を置くことができたんです。そして村上自身、マジメでいい子でしたから、先輩たちからかわいがられていました。だから伸び伸びと打つことができていたんです」。

村上自身も、先輩たちとの仲の良さをこう証言している。「1年生で四番でも、プレッシャーは全然なかったです。上級生の皆さんが本当に優しくしてくれましたから。たとえ打てなくても『オマエのスイングを貫け』と言ってくれるような先輩ばかりで、すごくやりやすかったです」。早稲田実高戦での試合前の〝ホームラン予告〟も、そんな先輩たちとの距離の近さから出た言葉だった。

迎えた高校最初の夏、村上は鮮烈な印象を与える一発を放つ。東稜高との1回戦。

初回に無死満塁のチャンスで初打席を迎えた村上は、2ボール2ストライクと追い込まれてからの6球目、相手投手の渾身のストレートをコンパクトなスイングで振り抜いた。すると打球はバックスクリーン左の芝生へ突き刺さった。推定飛距離120メートルを超える特大アーチに、さすがの村上も興奮したのだろう。雄叫びをあげてガッツポーズをしながらホームを踏んだ。それは高校3年間で積み上げた通算52本のホームランの中でも、村上の記憶に最も深く刻まれた1本となった。

藤崎台県営球場のバックスクリーンに敷かれた芝生の上に孤高の存在であるかのようにポツンと置かれた白球は、坂井監督の記憶にも未だに鮮明に残っている。

「夏の初戦ともなると、普通はすごく硬くなるものなんです。それが第1打席なら、なおさらです。その初戦の第1打席、いきなり無死満塁という場面で1年生の村上にまわってくるわけですよ。〝うわぁ、こんなことがあるのか〟なんて思いながら見ていました。ただ打席に立つ姿を見て、私自身すごくいいイメージがありました。だから〝きっとヒットは打ってくれるだろうな〟という予感はしていたんです。とはいえ、まさか満塁ホームランを打つとは……。もう打った瞬間に思わずガッツポーズをしたくなるような見事なホームランでした〝ほら、やっぱり村上はやってくれたぞ〟という思いでしたね。本当にこの選手はとにかく持っているなあ、と。5回くらいまでバックスクリーンに打球がずっと残っていたのですが、その情景が今もずっと頭に残っています」

村上はその試合で4打数3安打と大暴れ。肥後のベーブ・ルースの異名で地元のメディアを沸かせた。

村上のグランドスラムで幕を開けたその試合、九州学院高は東稜高を8対0（7回コールド）で下すと、2回戦は熊本学園大付高を3対1、3回戦は必由館高を7対0（8回コールド）、準々決勝では翔陽高を6対0、準決勝では多良木高を6対3で破り、夏は5年ぶりの決勝進出を決めた。

甲子園春夏連続出場を懸けた戦いの相手は、3年連続で決勝に駒を進めた文徳高だった。初回は互いに三者凡退となったが、2回に早くも試合が動いた。まずは文徳高が2点を先制すると、その裏、九州学院高も1点を返した。そして3回裏、一死一、二塁の場面で村上に打席がまわってきた。第1打席はセカンドゴロに倒れていた村上だったが、その汚名返上とばかりに一、二塁間を破るタイムリーを放ち、試合を振り出しに戻した。その後もタイムリーが続き、この回に一挙3点を挙げた九州学院高は、4対2と逆転に成功した。4回裏にも村上のタイムリーで1点を追加した九州学院高は5対2とリードを広げた。その後は互いにランナーを出しながらもあと1本が出ず、ゼロ行進が続いた。

8回裏、九州学院高がダメ押しとなる1点を追加。4点リードで迎えた9回表、九州学院高はエース・伊勢大夢（DeNA）がランナーを出しながらも失点を許さず、5年ぶり8回目の夏の甲子園出場を決めた。マウンド上で抱き合って喜び合う輪の中で身長185センチの村上は、ひときわ目立っていた。大会通算打率・409と、不動の四番として文句ない活躍を見せた村上は、肥後のベーブ・ルースとして全国の舞台へと駆け上がっていった。

15年8月6日、第97回全国高校野球選手権大会が開幕。九州学院高は大会7日目の12日第2試合、1回戦の最後に登場した。相手は最速145キロを超える速球が武器の右腕・小孫竜二擁する遊学館高（石川）だった。先にリードを奪ったのは九州学院高だ。2回表、一死から四球と犠打で二死二塁とすると、2年生の七番・松下且興がレフトにタイムリー二塁打を放ち、1点を先制。さらにエースの八番・伊勢にもタイムリーが出て1点を追加した九州学院高は2対0とした。

しかし初回から伊勢の球をとらえていた遊学館高打線が3回裏、猛攻を見せた。一死から四球でランナーを出すと三者連続のヒットで2点を挙げ、同点とした。なおも一死一、二塁の場面、四番打者が鋭く振り抜いた打球は一塁手・村上の元へ。この強い打球が村上のグラブを弾き、後逸してしまう。すぐに拾って一塁ベースカバーに走ってきた伊勢にトスをした。ところが全力疾走で駆けてきた伊勢とのタイミングが合わず、ボールはファウルグラウンドに転がっていった。この隙に二塁ランナーが三塁をまわって悠々とホームへ。これで逆転した遊学館高は流れを引き寄せ、4回裏も4安打の猛攻で2点を追加。その差を3点に広げた。

一方の九州学院高は3回以降、相手エースの小孫を攻略しきれずに8回までゼロ行進が続いた。9回表に1点を挙げて一矢報いたが、反撃とまではいかなかった。3対5で敗れ、春に続いて初戦で姿を消した。

この大会49代表校の中で唯一初戦から1年生で四番を務めた村上だったが、4打数無安打と一度も快音を響かせることができず、全国の舞台で肥後のベーブ・ルースはベールに包まれたままに終わった。それでも村上はこの甲子園での思い出について訊くと「楽しかった」と即答した。

「3回にエラーをした瞬間は〝やっちまったな〟と思いました。それで逆転されて負けたわけですからね。でも、すごく野球が楽しかったです。高校入学した時から甲子園で野球がしたいと思ってやっていて、そのあこがれの舞台でプレーすることが叶ったわけですから。改めて〝あぁ、ここで野球をやるために一生懸命に練習を頑張るんだよな〟と思いました」

▲甲子園には1年夏の選手権に出場。1年生ながら四番の大役を担った

◀高校1年秋にファーストからキャッチャーに転向。村上の能力を高く評価していた指揮官の温めていたプランだった

立ちはだかったライバル校の壁

3年生が引退し、新チーム結成後に村上はファーストからキャッチャーへとポジションを転向することになった。もともと中学時代にもキャッチャー経験があったことに加え、頭の回転が速く、機転が利く村上に適しているという指揮官の判断だった。

「村上は結構おせっかいやきなんですよ。だから守備の時に1人でみんなの方を向いているキャッチャーは適任だなと。1年の夏までは3年生に正捕手の子がいましたから ファーストをやらせていましたが、新チームになったらキャッチャーをやらせようと最初から考えていたんです」

その年の秋、九州学院高は県大会で準優勝。決勝で敗れた相手は秀岳館高だった。ここから因縁のライバルとの壮絶な戦いが繰り広げられることとなる――。九州大会に出場した九州学院高だったが、初戦で九産大九産高（福岡）に2対4で敗れ、3季連続の甲子園出場とはならなかった。

オフシーズンとなり、翌年に向けて村上がまず取り組んだのは体重の増量だった。

「中学校をあがったばかりの1年の時は、まだ体が全然細かったので、まずは体を大きくしようと思いました。それこそ高校に入って初めての冬でしたし、春までにしっかりと体を作りたいと思ったんです」。ひと冬を越えて、入学時には80キロ、夏の甲子園時には86キロだった体重を、さらに4キロ増やし、春には90キロになっていた。

翌年の春の県大会を制した九州学院高は、第1シードで夏を迎えた。だが、決勝まで駒を進めたものの、前年秋に続いてまたも最後に立ちはだかったのは秀岳館高だった。秀岳館高は準決勝までの4試合でチーム打率・385を誇り、盗塁数は24と機動力にも自信を持っていた。その強力打線が序盤から猛打をふるった。初回に3点、2回に4点、3回に2点と得点を重ね、3回を終えた時点で9対2と完全に主導権を握った。その後、6回に1点、そして9回には3点を追加した。その一方で九州学院高は為す術がなく、2回以降は追加点を奪うことができなかった。この試合、三番に入った村上も4打数無安打に終わり、2度目の夏は悔しい結果に終わった。

再び新チームが結成され、坂井前監督がその主将に指名したのは村上だった。「彼は意外と気配りができる選手。キャッチャーをしていたこともあって、周りを見る目もありましたしね。下級生がミスをして落ち込んでいたりすると、ちゃんと気づいて『気にしなくていいからな』と声をかけてあげられるんです」。


その年の秋、またも九州学院高の行く手を阻んだのは、秀岳館高だった。県大会の準決勝、これに勝てば九州大会への切符を獲得し、センバツへの可能性も出てくるはずだった。しかし、今度は夏とは一転して手に汗握る投手戦という展開の中、九州学院高は0対1で惜敗した。

さらに翌年、村上にとって最後の夏も決勝は秀岳館高との同一カードとなった。4度目の挑戦だったが、この年、高校野球日本代表に選ばれる川端健斗、田浦文丸という、いずれも140キロ台後半の速球を投げるサウスポーの前に1安打3三振に終わった。

試合は1対1で迎えた9回に2点を勝ち越した秀岳館高が2年連続で夏の甲子園出場を決めた。結局、村上は一度もライバルにリベンジすることなく引退となった。

試合後、キャプテンの村上の目に涙はもうなかった。「3年生に申し訳ない」と言って泣きじゃくる後輩一人ひとりに「オマエたちはよくやってくれた。責任はオレたち3年生にあるんだから、泣く必要なんかない」と言って声をかけた。そして相手ベンチを指さし、こう檄を飛ばした。

「ほら、あれが来年のオマエたちの姿だぞ!」

その後、試合会場から学校のグラウンドに戻って最後のミーティングを終え、選手たち全員が部室に引き上げていく中、ベンチにはたった一人で座る村上の姿があった。坂井監督が近づき、「どうしたんだ?」と訊くと、村上はこう恩師に告げた。「僕、本当はもう一度、監督を甲子園に連れていってあげたかったんです……」。その目からは先ほどまではなかった大粒の涙が、こぼれ落ちていた。

白球を追う球児たちへ

4年前の夏を振り返りながら、村上はこう語った。「坂井監督には本当にお世話になったし、僕たちの代に懸ける思いもあったと思うんです。だから、なんとかして監督さんを甲子園に連れていきたかったんですけどね……」。そして、こう続けた。「ただ、今こうしてプロで活躍することで、あの時できなかった恩返しが少しはできているんじゃないかなと思っています」。

甲子園には一度きりの出場となったが、それでも甲子園を本気で目指すことで得られたものは数えきれない。そして、自分と同じように甲子園にあこがれ、白球を追う球児たちにこうメッセージを送った。

「みんな野球が好きで始めたと思うので、どんなに辛い時も、結果が出ない時も、最初に野球を始めた時にボールを握った時の気持ちを忘れないでほしいなって思います。野球は本当に楽しいスポーツですから」

▶九州学院高時代の主な戦績

2015年夏	選手権熊本大会	1回戦	東稜	○	8-0	
		2回戦	熊本学園大付	○	3-1	
		3回戦	必由館	○	7-0	
		準々決勝	翔陽	○	6-0	
		準決勝	多良木	○	6-3	
		決勝	文徳	○	6-2	
2015年夏	全国選手権大会	2回戦	遊学館	●	3-5	四番·一塁 4打数0安打0本塁打0打点
2016年秋	熊本大会	1回戦	開新	○	8-4	
		2回戦	東稜	○	7-0	
		3回戦	熊本西	○	12-0	
		準々決勝	多良木	○	11-1	
		準決勝	秀岳館	●	0-1	
2017年春	熊本大会	2回戦	熊本学園大付	○	9-2	
		3回戦	熊本商	○	10-0	
		準々決勝	文徳	●	1-8	
2017年夏	選手権熊本大会	1回戦	熊本	○	14-0	
		2回戦	水俣	○	6-4	
		3回戦	熊本二	○	7-3	
		準々決勝	球磨工	○	7-0	
		準決勝	文徳	○	10-8	
		決勝	秀岳館	●	1-3	

甲子園に出場した選手は学年に関係なく、地方大会の戦績から掲載。未出場の選手は最終学年の秋・春・夏の戦績。個人成績は甲子園出場時の成績のみを掲載

PROFILE

むらかみ・むねたか●2000年2月2日生まれ。熊本県出身。188cm97kg。右投左打。九州学院高では1年春からパワフルな打撃を武器に四番を任され、同夏には甲子園出場も果たした。2018年ドラフト1位でヤクルトに入団。プロ2年目の19年に大ブレーク。全143試合に出場し、36本塁打、96打点で新人王に輝いた。以降は不動の四番としてスワローズ打線をけん引し続けている。

僕たちの高校野球
EXTRA INNING

恩師・坂井宏安監督から 村上宗隆へ

【元・九州学院高監督】

「素顔の村上は天真爛漫で何に対してもすごく前向きに取り組む生徒でした」

▼後悔しない子

村上という選手は後悔をしないんです。反省はめちゃくちゃするんですが、後悔はしない。だからいつも前向きな姿勢なんですよ。もっと高く、もっとうまく、というふうに向上心のかたまり。それは野球に限ったことではありません。彼のクラスの体育の授業を受け持っていましたが、何かやるとなると必ずと言っていいほど一番最初に前に出てきてやる生徒でした。そういう積極性は陸上で3度のオリンピックに出場した末續慎吾にそっくり。彼も天真爛漫というか、何に対してもすごく前向きに取り組む生徒でした。

以前に陸上部の顧問の先生と話をしていて「村上の血液型はO型じゃないですか?」と聞かれたことがありました。「たしかO型だったと思いますよ」と返事をしたら「やっぱり。だって末續もO型でしたから」と。まあ、血液型は関係ないかもしれませんが(笑)。それほど2人はよく似たタイプでした。

村上は結局、3年間で甲子園に出場したのは1年夏だけでしたが、甲子園を経験したことによって、人間的にもとても大きな成長を見せてくれました。甲子園の時はまだ中学校を卒業して半年も経っていませんでしたから、ただただ野球が楽しいというだけでやっていたように思います。

でも、甲子園から帰ってきてからの村上は表情からして変わっていきました。おそらく責任というものを感じたのではないでしょうか。単に試合に出ればいいやではなく、レギュラーで出るからには、しっかりと責任を果たさなければいけないんだと。甲子園の後に体重を増量したことも、そういう責任感の表れだったと思います。

PROFILE
さかい・ひろやす● 1957年5月14日生まれ、熊本県出身。選手時代は九州学院高で外野手として3年夏に甲子園出場。日体大を経て銚子商高(千葉)のコーチを経て、84年に母校・九州学院高の監督就任。一時離れた時期もあったが、95年に再任。甲子園は春5度、夏5度出場を果たしている。

▼努力を続けられる精神力

村上が高校時代に打った52本のホームランはどれも思い出ですが、中でも忘れられないのは、3年の6月に行った関東遠征での一本。清宮君がいた早稲田実高との交流戦前に、慶応高と練習試合をしたことがあったのですが。そのときにライト方向に打ったホームランは強烈でした。慶応高のグラウンドに貼られた、非常に高さのある防護ネットを越える勢いでしたからね。また、ホームランばかりが注目されていましたが、その一方で四球も非常に多かったんです。時には思わず〝打ってしまいたい〟と思うようなこともあったと思います。でも「ボール球には手を出してはいけない」という私の訓えを彼は最後まできっちりと守り通しました。自分がホームランを打つことよりも、チームが試合に勝つことの方を優先にして考えられる選手だったんです。もし普通に勝負してもらっていたら、きっとホームランの数は通算100本はいっていたんじゃないかと思います。

九州学院高野球部の伝統として、主将はトイレ掃除を担当します。なぜかというと、主将や主力の選手というのは、一番練習させてもらえるからです。グラウンドも用具も一番使うわけですよね。だったら、そういうメンバーこそがグラウンド整備や掃除をしなければいけませんでした。村上も主将となってからは練習後に毎日トイレを磨いていましたが、一度も不満な顔を見せたことはありませんでした。そういう彼だからこそ、野球でも自分を犠牲にする仕事ができるんです。プロになった今も、たとえ四番でもチームが勝つためならスクイズだってバントだって何だって平気でやれるはずです。

3年の夏が終わり、進路についてプロか大学かで悩んでいた村上でしたが、最後はプロ行きを決めました。私自身も「彼ならプロでやれる」という自信がありましたので、プロ志望届を出したわけですが、そう思えた要因の一つは、よく練習する選手だったからです。彼は野球部を引退した後も手を抜くことなく、しっかりと練習していました。そういう自分で努力を続けられる精神的強さがなければ、プロでは絶対に大成はしないと思いますので、村上にはそれがあったということが大きかったですね。

私は昨夏に定年退職をしまして、野球部の監督も退任しました。今は毎日のように村上やその他の教え子たちのプレーする試合を見るのが何よりの楽しみになっています。彼らにはコロナ禍で大変な思いをしている人たちを少しでも元気づけられるようなプレーを期待するとともに、チームが勝つために何でもやる姿を子どもたちに見せ続けていってほしいと思います。

僕たちの
高校野球

青春ストーリー9

吉田輝星

［金足農高―北海道日本ハムファイターズ］

野球人生を変えた「あの夏の真実」

2018年の夏、100年の歴史を手荒く祝福するかのように甲子園球場に吹き荒れた〝金農旋風〟。その中心にいたのが、絶対的エースとしてチームをけん引した吉田輝星だ。彗星のごとく全国の舞台に現れた怪腕。ダイヤモンドの中央に位置するマウンド上から剛速球を投げ下ろす様は、真夏の太陽に反射するかのように煌々と光り輝き続けた。全6試合50イニングで投じた球数は881。強打者を翻ろうし、奪った三振は62を誇った。

チームは準優勝に終わったが、高校野球ファンの心に最も深く刻まれたのは、侍のような鋭い眼光で右腕を振り下ろし続けた吉田だったことは言うまでもない。その年の秋のドラフトで北海道日本ハムファイターズに1巡目指名を受けた吉田。背番号「1」から「18」へとエースナンバーを背負い続ける右腕のルーツに迫る。

金農旋風の舞台裏

「ここで校歌を歌いたいな……」

天に向かって高くそびえたつ濃緑のバックスクリーンをマウンド上から見上げながら、吉田はそう心の中でつぶやいていた。ついに開幕前から「大会NO・1投手」の呼び声高かった右腕が、全国の舞台でそのベールを脱ごうとしていた。

2018年8月、第100回全国高校野球選手権記念大会。金足農高は秋田代表として11年ぶりの甲子園出場を果たした。大会4日目の8日、1回戦で創部100周年の古豪・鹿児島実業高と対戦。すでにU-18日本代表の候補にも選ばれ、注目の1人となっていた吉田だったが、スタメンに6人の左打者を擁して「145キロは普通に感じる」と豪語する強力打線を前に毎回ランナーを出す苦しいピッチングとなった。しかし、ランナーを得点圏に置くピンチを迎えるたびにギアを上げ、打者の手元でビュッと伸びるストレートを武器に要所を締めた。その吉田のピッチングの前に、鹿

▶3年夏には甲子園にも出場。エースとしてマウンドで躍動した

児島実高打線は11残塁と脱帽だった。一方の金足農高は3、8回に猛打を見せて得点を挙げ、5対1で初陣を飾った。吉田は自己採点を「30点」としたものの、14奪三振1失点のピッチングは、プロのスカウトが注目するに値するものだった。

金足農高は2回戦、大垣日大高（岐阜）を6対3で撃破した。続く3回戦、そして準々決勝は劇的な結末となった。3回戦の相手は春夏合わせて5度の全国優勝を誇る横浜高（南神奈川）。初回、吉田はいきなり先頭打者にライトオーバーの三塁打を打たれてしまう。次打者の内野ゴロの間に、横浜高が早くも先制のホームを踏んだ。さらに二死満塁から吉田はワイルドピッチで2点目を許した。しかし、その汚名返上とばかりに、吉田は3回裏に2ランを放ち、自らのバットで試合を振り出しに戻してみせた。だが、相手も吉田の低めへの真っすぐにしっかりと対応し、6、7回にそれぞれ1点ずつ加点し、再びリードした。そんな中、金足農高に流れが来たのは8回裏だった。一死一、二塁の場面で、打席には六番・高橋佑輔。迷うことなく初球を思い切って振り抜くと、この日バックネットからセンター方向に吹いていた風に押されるようにして打球は伸びていき、センターのフェンス向こうへと消えていった。高橋にとって公式戦初のホームラン、しかも終盤での逆転3ランに、球場は割れんばかりの大歓声が沸き起こり、金足農高ベンチは一気に押せ押せムードに包まれた。まだホームランの余韻が残る中、吉田は最終回を圧巻の三者連続三振で1点差を守り切った。

中泉一豊監督は、このときのピッチングについてこう振り返る。「4回裏にベンチに戻ってきたとき、実は股関節に痛みがあるということで吉田は医務室で診てもらっているんです。結局は大丈夫ということになって続投したのですが、そういう中で最後に三者連続三振ですからね。気迫がこもっていたピッチングだったと思います」。

近江高（滋賀）との準々決勝は序盤はゼロ行進。そんな中、先に得点を挙げたのは近江高。4回表、二死二塁から好調の六番・住谷湧也のタイムリー二塁打で先制した。一方、金足農高も5回裏、一死から一番・菅原天空が三塁打を放つと、主将の二番・佐々木大夢がスクイズを決め、同点とした。ところが6回表、近江は一死三塁から注目のスラッガー・北村恵吾にようやくこの試合初ヒットが生まれ、これが勝ち越しタイムリーとなった。そして、この1点が金足農高に大きくのしかかった。6、7回と三者凡退に終わると、8回はランナーを得点圏に進めるも得点することはできなかった。1対2と1点ビハインドのまま最終回を迎えた。9回表、吉田は無死一、二塁とピンチを迎えたが、粘り強くアウトを取っていく。まずは見逃し三振で一死。さらに送りバントを狙った次打者の打球を三塁に送る好判断で二死にした。そして最後は低めに伸びるストレートで空振り三振に仕留め、4試合連続の2ケタ奪三振を記録した。力投を続けるエースに打線も応えた。9回裏、六番・髙橋、七番・菊地彪吾が連打を浴びせると、八番・菊地亮太が四球で出塁し、無死満塁とした。ここで九番・斎藤璃玖がスクイズを成功させ、三塁ランナーの髙橋が同点のホームを踏んだ。すると打球を捕った相手の三塁手が一塁に送球するや否や、二塁ランナー菊地彪が三塁を回り、一気にホームへ。意表を突く2点スクイズで金足農高がサヨナラ勝ちを収めた。

誓った約束

準決勝では日大三高（西東京）を2対1で下し、初めての決勝に進出。東北勢初の全国優勝を懸けた戦いの相手は、史上初となる2度目の春夏連覇を狙う大阪桐蔭高（北大阪）だった。観客の中には吉田の奪三振ショーが目当てという人も大勢いたに違いない。だが、秋田県大会から10試合をすべて1人で投げてきた右腕は、さすがに疲労の色が隠せなかった。初回、いきなり先頭打者を四球で出してしまう。さらにヒットを許し、無死一、三塁に。それでも三番・中川卓也、四番・藤原恭大（ロッテ）を連続三振に仕留め、意地を見せた。だが再び四球でランナーを出して満塁にすると、ワイルドピッチで先取点を許した。さらに六番・石川瑞貴に右中間を破られ、走者一掃の2点タイムリーでこの回3点を失った。

一方の金足農高も3回表に、主将・佐々木の犠牲フライで1点を返した。しかし4回裏、守備のエラーと四球とで無死一、二塁と再びピンチを迎えた。マウンドの吉田はふぅーと息を吐き、一瞬首をかしげながら苦い表情を浮かべた。疲労がピークに達していたのだろう。照りつける真夏の太陽も右腕の体力を消耗させていたに違いなかった。次打者をスリーバント失敗で三振にして一死を取った。しかし、一番・宮崎仁斗にストレートをレフトスタンドに運ばれた。痛恨の一発に、吉田は両ヒザに手をやり、うなだれた。肩を大きく揺らしながら息をする吉田に相手打線は容赦しなかった。5回裏、五番・根尾昂（中日）がセンターバックスクリーンへの2ランを放ったのを皮切りに、その後も連打を浴びせた。途中、スタンドからは〝吉田コール〟が起こった。だが情勢は変わらなかった。吉田は5回を投げて12失点を喫し、この夏初めてマウンドを降りた。秋田大会から延べ「1517球」。高校野球ファンを魅了し続けてきた右腕は6回、三塁を守っていた打川和輝にマウンドを託し、ライトへと向かっていった。打川は大阪桐蔭高打線を7回1失点に抑えたが、金足農高は相手のエース・柿木蓮を攻略できずに2点止まり。投打にわたって圧倒した大阪桐蔭高が史上初となる2度目の春夏連覇を達成。深紅の大優勝旗は、またも東北の地に渡ることはなかった。しかし、甲子園に旋風を巻き起こした金足農ナイン、そして右腕エースにスタンドからは大きな拍手が送られた。

全校応援となった金足農の一塁側アルプス席には、前年の主将・安田広郎の姿もあった。1年前、2年生エースの吉田とバッテリーを組んでいたのが安田だった。吉田はいつも一緒に学食に行くほど仲が良かった先輩と甲子園に行きたいと強く思っていた。迎えた夏の県大会、金足農高はノーシードながら危なげなく勝ち進み、決勝へと駒を進めた。相手は、その夏の本命とされた第1シードの明桜高だった。すると1回裏、強打の明桜高打線に立ち上がりを攻められた。一死から連打を浴びると同じ2年生の四番・山口航輝（ロッテ）を死球で出し、満塁のピンチに。すると五番・松本大輝に走者一掃のタイムリーを打たれ、2失点を喫した。それでも2回以降はランナーを出しながらも要所を締めて追加点を許さなかった。2年生エースを援護したい打線だったが、明桜高の先発・山口を打ちあぐねた。得点できずに1対5で敗戦。試合終了後、吉田の目からは3年生に対して申し訳ない気持ちが、涙となってあふれた。

「来年、オマエたちが勝ったら甲子園に応援に行くからな！」

先輩のその言葉に、吉田は心の中で「絶対に先輩たちを甲子園のアルプス席に連れていく」。と雪辱を誓っていた。そして翌年、彼は有言実行した。安田もまた、約束を忘れてはいなかった。「甲子園に連れてきてもらって、ありがとうと言いたい」。安田はそう言って、全国の舞台で死闘を繰り広げた後輩に拍手を送り続けた。

吉田が3年夏、秋田県大会、甲子園合わせて積み上げた三振数は119を数えた。その中で最も印象に残っている三振を訊くと、吉田は県大会でライバルから奪った空振りを挙げた。2年連続で明桜高との同一カードとなった決勝、吉田はキレのあるボールで次々と三振の山を築いた。結局11個の三振を奪ったが、その10個目は今も鮮明に記憶に残っている。最終回、先頭打者で迎えた宿敵・山口との最後の対戦だった。2球目、山口は体勢を崩しながらも変化球をとらえると、打球は弧を描いてレフトへ。あわやホームランかという当たりだったが、わずかに切れてファウルに。打席で笑顔を見せる山口に対し、マウンド上の吉田からも白い歯がこぼれていた。4球目、吉田は渾身のストレートで三振を狙ったが、力みが生じたのだろう。ボールはキャッチャーが伸ばしたミットのはるか上を通り過ぎ、バックネットの壁にぶち当たった。気持ちを入れ直して投じた5球目、吉田が選択したのはスライダーだった。手元でスッと変化したボールに、山口のバットは空を切った。「ストレートで取ることはできませんでしたが、スライダーでしっかりと三振を取れたのは、自分にとって大きかったですね。山口は明桜のキーマンだったので、あそこで三振を取れていなかったら、甲子園にも行けていなかったかもしれません」。

あの練習があったからこそ

小学3年生から野球を始めた吉田にとって、父親の母校でもある金足農高への進学は中学時代にはもう決定事項だった。目標が定まると、ほかには目がいかなくなる性分の吉田は担任に提出した進路志望先を書く用紙に記載したのは「金足農業」のみ。第2、第3志望の欄は空白で提出したという。そんな吉田を金足農高の中泉監督が初めて目にしたのは、彼が中学3年の時。中学校の野球部を引退した後に所属した秋田北シニアでプレーしていた時のことだった。「もうすでに球質が違うなという感じでした。ほかのピッチャーが投げるボールとは伸びが全然違いました」。

その吉田と同じ学年には物怖じしない選手たちが集まった。「練習もやらされるのではなく、どちらかというと自分たちで雰囲気をつくって苦しいことも乗り越えていけるような学年でした」と中泉監督は語る。とはいえ、最初からチームワークが良かったわけではなかった。だが、3年の春を迎えると、自然とチームの輪が一つになり始めていた。その大きな要因として、吉田の成長があったと中泉監督は分析する。「吉田はピッチャーらしい強気の性格というか、2年の時まではまだ周囲に対する気遣いが足りていなくて結構チームメートとも衝突したりしていました。でも、それが3年の春にはエラーした野手に声をかけたりするようになっていました。そういう姿が見られ始めてから3年生の中に〝吉田のために頑張ろう〟というような雰囲気が出てきたんです」。吉田自身も、チームの変化を感じ取っていた。

「日誌に書く言葉も変わってきていました。それまでは面倒くさがっていたり、恥ずかしがって、あまり書かないような選手が、夏の大会前にはみんな『絶対にオレたちがてっぺんを取る』みたいなことを書いていたんです。練習でも普段とは比べものにならないくらい全力疾走していたり。そういうのを見ていて、この夏は勝てると思っていました」

また、目標達成のために、吉田が高校時代からいつも意識していたのは〝言葉〟にすることだった。

「冬のトレーニングの時期なんかは夏までまだ半年もあって、甲子園は結構遠い存在なんですよね。それでも僕はみんながシーンとした時にこそ『甲子園に行くんだろう！』と言うようにしていました。嘘でもいいから言葉にしていかなければと思っていたんです。言葉を発することによって、その方向に向かっていくことって結構あるんですよね。調子が悪くても『調子がいい』と言っていると、本当に段々と調子が上がってきたりする。それは逆もしかりで。やっぱり言霊ってあると思うんです」

2年冬のお正月、最後の夏に向けて吉田は絵馬に「甲子園優勝」と書いた。「甲子園出場」ではなく、「優勝」と書いた理由は、やはり言葉が持つ力にあった。

「『甲子園出場』では2年の時みたいに県大会決勝で終わると思ったんです。だからそれ以上に努力しなければいけない『優勝』と書きました。当時は本当に準優勝できるとは思っていなかったけれど、そこを目指している自分にとって甲子園出場は簡単なことのように思えました」

それでも思い出したくもない〝地獄の日々〟もあった。「よくOBがあの人が戻ってきたらやばいぞと言っていたコーチが、僕らが1年の秋に復帰したんです。冬のトレーニングでは、めちゃくちゃ追い込まれました」。しかし、1年生のうちはまだ良かった。本当の地獄は最終学年となった2年冬だった。中でも最もキツかったのが金足農高では「ドン」と呼ばれているランメニューだった。「冬は雪が降り積もったグラウンドに作った75メートル四方の正方形をコーチの〝ゴー！〟っていうかけ声で走らなければいけないんです。休憩は指導者のサジ加減。だから1周300メートルを走り終わって、またすぐに『ゴー！』と言われることもあれば、30秒くらい休ませてもらうこともあったり。コーチがストップウオッチで測っていてピッっていう音がすると体が反応してしまっていました。だから今もストップウオッチの音を聴くと、しんどかったあの時のことを思い出して嫌なんです（笑）」

だが、トレーニングが過酷であればあるほど、試合で極限に追い込まれた時の助けとなった。特に常に完投を求められた吉田にとって、最後の3イニングは体力的に最もキツかった。勝敗が決まる最も大事な終盤でもあり、いかにギアを上げることができるかが重要とされた。そうした時に生きたのが、積み重ねてきたトレーニングだった。「試合が3時間だとすると、1時間半は投げていることになるので、だったら1時間半ジョギングで体力を養うとか、あるいは1試合130球投げるのであれば、5メートルダッシュを130本連続でできるようにするとか。そういうトレーニングが試合の終盤、特にピンチの時にこそ自分を救ってくれました」。プロになった今も、厳しいトレーニングを続けるのは、そうした高校時代の経験があるからにほかならない。「高校レベルですけど、あれだけ追い込んだら甲子園準優勝まで行けるというのがあるので、だったらプロで10勝するにはあの時の2倍は追い込まなければ、と思いながらトレーニングしています。そういう意味でも高校時代は僕の土台なんです」

忘れないあの夏。プロとなった今も吉田の原点には、心技体すべてを磨いた高校時代の日々がある。

▶金足農高時代の主な戦績

2017年秋　秋田大会	地区1回戦	秋田工	○	10-0
	地区2回戦	仁賀保	○	4-1
	地区準々決勝	秋田商	○	7-0
	地区準決勝	由利工	●	1-2
	2回戦	大館鳳鳴	○	4-0
	準々決勝	角館	●	5-6
2018年春　秋田大会	地区2回戦	秋田中央	○	4-2
	地区準々決勝	明桜	○	2-0
	地区準決勝	由利	○	2-0
	地区決勝	由利工	○	5-1
	2回戦	新屋	○	7-0
	準々決勝	大館鳳鳴	○	7-4
	準決勝	明桜	○	6-5
	決勝	由利工	○	16-1
2018年夏　選手権秋田大会	2回戦	秋田北鷹	○	2-0
	3回戦	能代	○	4-3
	準々決勝	秋田商	○	7-0
	準決勝	由利	○	7-4
	決勝	明桜	○	2-0
2018年夏　全国選手権大会	1回戦	鹿児島実	○	5-1　先発　9回失点1(自責点1)14奪三振
	2回戦	大垣日大	○	6-3　先発　9回失点3(自責点3)13奪三振
	3回戦	横浜	○	5-4　先発　9回失点4(自責点4)14奪三振
	準々決勝	近江	○	3-2　先発　9回失点2(自責点1)10奪三振
	準決勝	日大三	○	2-1　先発　9回失点1(自責点1)7奪三振
	決勝	大阪桐蔭	●	2-13　先発　5回失点12(自責点11)4奪三振

甲子園に出場した選手は学年に関係なく、地方大会の戦績から掲載。未出場の選手は最終学年の秋・春・夏の戦績。個人成績は甲子園出場時の成績のみを掲載

PROFILE

よしだ・こうせい● 2001年1月12日生まれ。秋田県出身。175cm85kg。右投右打。金足農高では1年秋からエース。3年夏の2018年に同校を11年ぶりの甲子園出場に導くと、150キロの剛腕で金農旋風を巻き起こした。19年ドラフト1位で日本ハムに入団。ルーキーイヤーから一軍デビューを飾り、初登板初勝利をマーク。球界の次代を担うスター右腕として、さらなる飛躍が期待される。

僕たちの高校野球
EXTRA INNING

恩師・中泉一豊監督［金足農高］から吉田輝星へ

「高校入学当初から野球に対する貪欲さは人一倍ありました」

▼甲子園に行くために

甲子園での吉田のピッチングは、どれも印象深いものがありますが、彼のすごさを最も象徴していたのは対戦相手のバッターの反応でした。特に低めへの球には驚いていましたね。自信をもってボールだと思って見逃すのですが、彼らの予測に反し、吉田の球は下に落ちることなくそのままキャッチャーのミットに収まって、ストライクになるわけです。そうするとバッターが「うそだろう?」と驚くような表情をするんですね。甲子園ではそういうシーンを何度も見ました。特に低めがよく決まった2回戦の大垣日大高戦は、どのバッターも本当に驚いている様子でした。

おそらく吉田は〝切る〟というようなイメージで放っていたのかなと思うのですが、いずれにしてもお父さんもピッチャー出身でしたので、いろいろと教えてもらっていたようですね。〝ガッと下に叩きつけるようにして投げる〟というようなことをお父さんに教えてもらったと聞いたことがあります。

吉田は1年夏からベンチ入りして試合でも投げていましたが、当時は当然ながらまだまだ体力はありませんでした。また、もともと真っすぐはいいものを持っていたものの、変化球にはまだ自信はなかったと思います。2年夏はエースとして県大会決勝にも行きましたが、あの時もまだ変化球のキレはそれほどではなかった。そういう意味では、2年から3年にかけての時期に相当な努力をしたからこそ、あの3年夏のピッチングがあったと言えると思います。例えば練習試合でも、試合前のアップ時間が吉田にはトレーニングでした。1時間半ほどみっちりと走り込みなどをしてから試合にいつも臨んでいたんで

PROFILE
なかいずみ・かずとよ● 1972年9月21日生まれ。秋田県出身。選手時代は金足農高―青学大でプレー。指導者としては秋田商高コーチ、五城目高監督を経て2015年から金足農高で指揮を執っている。

す。それは私やコーチに言われたからとかではなく、吉田自身で決めてやっていたことでした。甲子園に行くために考えて取り組んでいたのだと思います。

▼野球ノートに書いた言葉

そんな吉田の甲子園への並々ならぬ思いというのは、すでに1年生の時からあったようですね。先日、彼と同じ土木科で野球部の中でも親交の深かった菅原天空が先輩講話を在校生にしてくれたのですが、その時に吉田の野球ノートには「全国制覇」と書かれてあり、彼が明確な目標を持っていた、という話をしてくれたんです。実際に全国制覇と書かれたノートの写真も見せてくれまして、私もそこで初めて知りました。

そんなふうに吉田は入学当初から野球に対する貪欲さは人一倍ありました。ただ、人間関係という部分ではよくチームメートと衝突することもあったんです。でも、3年生になって大きく変わりました。ピッチャーらしい強気な性格は彼の良さでもありましたし、その部分ではまったく変わりはありませんでしたが、周りの人を気遣うことができるようになっていました。何か話をするにしても自分のことだけではなく、ほかの選手への気遣いが感じられるような会話へとどんどんなっていったように思います。

ウチの野球部では3年生が順番に部誌を書いていくのですが、吉田は結構大雑把な性格で、大きな字でノートのマスを埋めていたりしていました（笑）。ただ、甲子園での試合が終わって、すでに部誌は新チームに引き継がれていたにも関わらず、最後に吉田が『今までありがとうございました』って書いてくれていたんです。その言葉を見た時に「ああ、こういうことも書けるようになっていたんだな」と、しみじみと彼の成長を感じ、とてもうれしかったです。

今、吉田は野球を仕事にしているわけですが、人を大切にし、人から学ぶ姿勢がプレーにも表れるという点では変わりないのかなと思います。そしてその「人」というのは自分も含めてのこと。自分を知らなければ他人を理解することはできないと思うからです。監督である私自身もやはりそこに尽きると思っています。実際、選手から学ぶこともたくさんありますからね。いずれにしても野球も人がやること。これからも吉田には自分も含めて人を大切にしながら学び、そして成長していってほしい。それがさらなる活躍にきっとつながると思います。

僕《ぼく》たちの高校野球《こうこうやきゅう》

現役《げんえき》プロ9人《にん》の青春《せいしゅん》ストーリー

2021年8月10日　第1版第1刷発行

編　　集／ベースボール・マガジン社
発 行 人／池田哲雄
発 行 所／株式会社ベースボール・マガジン社
〒103-8482
東京都中央区日本橋浜町2-61-9 TIE浜町ビル
電話　03-5643-3930（販売部）
　　　03-5643-3885（出版部）
振替　00180-6-46620
https://www.bbm-japan.com/

印刷・製本／共同印刷株式会社

ISBN 978-4-583-11384-5 C0075

＊定価はカバーに表示してあります。